BIBLIOTHÈQUE CONTEMPORAINE

ARSÈNE HOUSSAYE

MADEMOISELLE ROSA

PARIS
CALMANN LÉVY, ÉDITEUR
RUE AUBER, 3, ET BOULEVARD DES ITALIENS, 15
A LA LIBRAIRIE NOUVELLE

1882

NOUVEAUX OUVRAGES EN VENTE
Format in-8°.

H. DE BALZAC — f. c.
ŒUVRES COMPLÈTES, tome XXIV et dernier. — CORRESPONDANCE 7 50

A. BARDOUX
LE COMTE DE MONTLOSIER ET LE GALLICANISME, 1 vol. 7 50

BENJAMIN CONSTANT
LETTRES A MADAME RÉCAMIER, 1 vol. 7 50

L'ABBÉ GALIANI
CORRESPONDANCE, 2 vol. .... 15 »

DOCTEUR MÉNIÈRE
CAPTIVITÉ DE MADAME LA DUCHESSE DE BERRY, 2 vol. .... 15 »

PROSPER MÉRIMÉE
LETTRES A M. PANIZZI, 2 vol. .... 15 »

MADAME DE RÉMUSAT
LETTRES, 2 vol. .... 15 »

ERNEST RENAN
MARC-AURÈLE, 1 vol. 7 50

G. ROTHAN
L'AFFAIRE DU LUXEMBOURG, 1 vol. 7 50

PAUL DE SAINT-VICTOR
LES DEUX MASQUES, 2 vol. .... 15 »

THIERS
DISCOURS PARLEMENTAIRES. T. I à XII. 90 »

VILLEMAIN
LA TRIBUNE MODERNE. T. II. 7 50

Format gr. in-18 à 3 fr. 50 c. le volume.

TH. BENTZON — vol.
MISS JANE 1

HECTOR BERLIOZ
LETTRES INTIMES 1

LOUIS BLANC
DIX ANS DE L'HISTOIRE D'ANGLETERRE, 10

DUC DE BROGLIE
LE SECRET DU ROI 2

RHODA BROUGHTON
FOLLEMENT ET PASSIONNÉMENT 1

CHUT !!
PÉCHÉS MIGNONS 1

***
VIE PARISIENNE SOUS LOUIS XVI 1

A. DUMAS FILS
LA QUESTION DU DIVORCE 2

CHARLES EDMOND
HARALD 1

GEORGE ELIOT
DANIEL DERONDA 2

O. FEUILLET
HISTOIRE D'UNE PARISIENNE 1

ERNEST FEYDEAU
MÉMOIRES D'UN COULISSIER 1

A. GENEVRAYE
L'OMBRA 1

VICTOR JOLY
CRIC-CRAC 1

J. DE GLOUVET
LE BERGER 1

LUDOVIC HALÉVY
L'ABBÉ CONSTANTIN 1

A. KARR
LES POINTS SUR LES I 1

PARIA KORIGAN — vol.
RÉCITS DE LA LUCOTTE 1

EUGÈNE LABICHE
THÉÂTRE COMPLET 10

H. LAFONTAINE
L'HOMME QUI TUE 1

EUGÈNE MANUEL
EN VOYAGE 1

PROSPER MÉRIMÉE
MOSAÏQUE 1

MICHELET
INTRODUCTION A L'HISTOIRE UNIVERSELLE 1

PIERRE LOTI
LE ROMAN D'UN SPAHI 1

G. DE PEYREBRUNE
MARCO 1

A. DE PONTMARTIN
SOUVENIRS D'UN VIEUX CRITIQUE 1

ERNEST RENAN
CONFÉRENCES D'ANGLETERRE 1

VICOMTE RICHARD (O'MONROY)
FEUX DE PAILLE 1

HENRI RIVIÈRE
LA JEUNESSE D'UN DÉSESPÉRÉ 1

J. DE SAINT-BRI.C
JOBIC LE CORSAIRE 1

E. TEXIER ET LE SENNE
L'INCONNUE 1

OSCAR DE VALLÉE
LES MANIEURS D'ARGENT 1

PIERRE VÉRON
CES MONSTRES DE FEMMES 1

MARIO UCHARD
LA BUVEUSE DE PERLES 1

LOUIS ULBACH
LE MARTEAU D'ACIER 1
QUINZE ANS DE BAGNE 1

Paris — Imprimerie Ph. Bosc, 3, rue Auber

MADEMOISELLE ROSA

CALMANN LÉVY, ÉDITEUR

DU MÊME AUTEUR

Format in-8°

MADEMOISELLE CLÉOPATRE.	1 vol.
LES MAINS PLEINES DE ROSES, PLEINES D'OR ET PLEINES DE SANG.	1 —

Format grand in-18.

L'AMOUR COMME IL EST.	1 vol.
LES AMOURS DE CE TEMPS-LA.	1 —
AVENTURES GALANTES DE MARGOT.	1 —
LA BELLE RAFAELLA.	1 —
BIANCA.	1 —
BLANCHE ET MARGUERITE.	1 —
LES CHARMERESSES.	1 —
LES DESTINÉES DE L'AME.	1 —
LES DIANES ET LES	1 —
LES FEMMES COMME ELLES SONT.	1 —
LES FEMMES DU DIABLE.	1 —
LES FILLES D'ÈVE.	1 —
HISTOIRES ROMANESQUES.	1 —
MADEMOISELLE CLÉOPATRE.	1 —
MADEMOISELLE MARIANI.	1 —
MADEMOISELLE PHRYNÉ.	1 —
LA PÉCHERESSE	1 —
LE REPENTIR DE MARION.	1 —
LE ROMAN DE LA DUCHESSE.	1 —
LA VERTU DE ROSINE.	1 —
LA ROBE DE LA MARIÉE.	1 —

Corbeil. — Imprimerie B. RENAUDET.

M{LLE} ROSA

PAR

ARSÈNE HOUSSAYE

PARIS
CALMANN LÉVY, ÉDITEUR
ANCIENNE MAISON MICHEL LÉVY FRÈRES
3, RUE AUBER, 3

1882

Droits de reproduction et de traduction réservés.

PRÉFACE

I

J'ai conté dans un journal l'histoire des trois filles d'une cabaretière champenoise :

Mesdemoiselles *Cécile, Orphise* et *Rosa,* qui ont trop fait sauter le bouchon.

Pour les lecteurs qui n'ont pas lu et qui n'auraient pas le courage de lire *la Robe de la Mariée* renfermant les deux premières histoires, *Cécile* et *Orphise,* il me faut les leur dire en quelques mots pour mieux expliquer la troisième : *Mademoiselle Rosa.*

La fille aînée de la cabaretière s'appelait Cécile; son péché capital, c'était l'orgueil, elle y sacrifia tout, haut la main, sans s'émouvoir des coups de poignard qu'elle donnait au cœur de ses victimes. Tout est compté ici-bas : la justice eut son jour : Cécile mourut de la mort la plus horrible, après avoir traversé les joies de Paris comme une comète éperdue.

Orphise, qui avait la fureur du romanesque, qui ne reconnaissait de loi humaine que celle de son bon plaisir, qui oublia un jour toutes les dignités de la femme jusqu'à verser le poison, cette arme des cœurs lâches ou des lâches cœurs, en fut réduite à boire elle-même le poison qu'elle avait versé, ce qui était le plus juste des châtiments.

Rosa, dont je conte ici l'histoire, fut la meilleure des trois, ce qui ne l'empêcha pas de courir toutes les folies et de finir par une mort tragique.

On dit que Paris appelle toutes les Parisiennes du dehors ; or ces trois filles du cabaret étaient nées Parisiennes, parce qu'elles étaient jolies de la beauté du diable, parce qu'elles avaient soif des sources impures, parce qu'elles avaient l'aspiration des hautes aventures.

Et pourquoi, puisqu'elles étaient nées dans un cabaret, filles d'un cabaretier et d'une cabaretière ?

C'est qu'elles n'étaient pas à bonne école dans ce cabaret chanteur tout pavoisé de roses remontantes, un vrai jardin perpendiculaire, devant lequel Diaz se fût arrêté tout ébloui.

C'est qu'elles avaient une mauvaise mère.

C'est qu'elles avaient lu des romans, ces trois demoiselles éveillées avant l'heure.

C'est qu'elles y avaient appris que la première venue peut aller au bois de Boulogne, dans une victoria, ou aux Bouffes-Parisiens dans une avant-scène. C'est que plus d'une fois déjà un voyageur égaré dans leur village, sous prétexte de vin de Champagne, leur avait promis monts et merveilles en les complimentant sur leur figure.

Mais les mauvaises mères surtout font les mauvaises filles, par le cœur ou par l'esprit.

Les philosophes anciens ont eu bien tort de ne pas élever la bonté dans l'ordre des hautes vertus. Diderot, qui avait du lion, était doux comme une colombe ; aussi recommandait-il la douceur aux rois, aux critiques et aux mères : aux rois qui gouvernent les peuples, aux critiques qui gouvernent les idées, aux mères qui gouvernent les enfants. Dans *les Trois Filles du cabaret*, trois filles mal élevées s'il en fut, j'ai mis en scène une mauvaise mère qui ne fit rien de bon de ses trois filles, quoiqu'elles eussent dans les veines du sang de leur père, qui était un brave homme. C'est le père qui fait les enfants, mais c'est la mère qui en fait des hommes ou des femmes. Sans la sollicitude maternelle l'enfant se déprave et se jette hors du chemin ; aussi, avant de frapper les filles d'un sentiment de réprobation, il faudrait avoir des nouvelles de leur mère : montre-moi ta mère, je te dirai qui tu es.

Pourquoi ne pas redire ici le sonnet du poète :

Quand Dieu créa la femme, il lui mit dans le cœur
La soif du bien, la soif du mal. Notre mère Ève
S'éveilla dans la vie, ivre d'air et de sève,
Et marcha sur la terre avec un air vainqueur.

Sous ses yeux les oiseaux chantaient l'amour en chœur ;
Le démon la surprit dans le charme du rêve
Il l'attaqua de front dans un instant de trêve,
La dominant déjà d'un sourire moqueur.

Elle écoutait parler Satan, la curieuse,
Et tour à tour surprise, inquiète et rieuse,
Elle regardait l'arbre et le fruit défendu.

Elle mordit bientôt à cette pomme amère,
Le paradis devint le paradis perdu...
Mais n'accusez pas Ève : où donc était sa mère ?

II

On ne s'est jamais entendu sur la vérité dans le roman.

Toute génération juge mal sa génération : elle ne voit ni d'assez haut ni d'assez loin. C'est toujours l'histoire de M. de Buffon qui demande ses chevaux à la lecture de *Paul et Virginie* où il y a pourtant plus de nature que dans toutes les études sur la nature de M. de Buffon.

Cette injustice est marquée à chaque pas dans le monde littéraire ; sans parler ici des critiques de profession, qui ne sont que des éplucheurs d'ivraie. Par exemple Montesquieu fut un grand esprit qui jugea fièrement et finement les hommes et les choses de son temps ; qui donc aujourd'hui écrirait des *Lettres persanes* avec la science profonde du cœur humain, avec l'autorité railleuse de la raison, avec le scepticisme souriant du philosophe qui bat en brèche la bêtise séculaire ? Eh bien, Montesquieu juge aussi mal ses contemporains que le premier critique venu.

Il dit des romanciers que ce sont « des espèces » de poètes qui outrent également le langage » du cœur et celui de l'esprit, qui passent leur » vie à chercher la nature et la manquent » toujours. Leurs héros y sont aussi étran- » gers que les dragons ailés et les hippocen- » taures. »

Or Montesquieu écrivait ceci d'un ton dégagé au temps même où Lesage écrivait *Gil Blas* et où l'abbé Prévost écrivait *Manon Lescaut*, ces deux chefs-d'œuvre radieux qui sont avant tout et par-dessus tout l'expression de la vérité.

Au dix-septième siècle, ce sera la même

histoire : les contemporains de Balzac ne l'ont pas reconnu tandis qu'ils saluaient une multitude de merveilles littéraires dont on ne parle déjà plus. Et combien de surprises en l'an 1900 ! Le temps, qui est le seul juge, fait la part de tout le monde. Vous avez crié au miracle devant je ne sais combien de volumes qui n'ont que le souffle du moment, tandis que vous avez méconnu les œuvres viriles marquées pour le lendemain.

Ceux qui comme moi dans un fauteuil d'orchestre ou de balcon ont assisté pendant un demi-siècle aux représentations du théâtre de la vie ont vu l'orgueil, ce beau péché capital, faire de rudes grimaces devant le flux et le reflux de l'opinion littéraire.

Parmi les romanciers surtout combien qui ont vu dans la même saison leur grandeur et leur décadence ! Célèbres ce matin, oubliés ce soir. C'est que les romans sont comme les chiffons, la mode les noue et les dénoue. Je me suis toujours étonné que, dans un journal de modes, il n'y ait pas un coin consacré aux romans nouveaux. On y vanterait tel couturier ou telle couturière; on dirait que le bleu couleur du sentiment commence à passer dans le faubourg Saint-Germain, que le rouge couleur de la passion fait fureur dans la Chaussée-d'Antin, que le vert couleur de la nature promet de rasséréner les cœurs demain dans les Champs-Élysées. On annoncerait qu'un faiseur original va ouvrir boutique tandis qu'un faiseur trop connu va se dérober à ses lecteurs. On parlerait des phrases à queue de celui-ci, et des mots court-vêtus de celui-là ; on dirait que M. Jean Richepin jette son bonnet par-dessus les moulins pendant que M. Octave Feuillet met des robes montantes à ses passions, quoique ses passions soient montantes.

Il ne faut pas se faire illusion, mes amis du roman, la mode vous a salués, la mode vous brûlera la politesse : bonjour, bonsoir. Ne cherchez pas midi à quatorze heures, contentez-vous de vos apothéoses éphémères.

Une grande dame, tout étonnée de n'avoir aimé que six semaines, disait avec mélancolie : « Rien ne dure moins qu'une passion. » — « Excepté le roman qui conte cette passion, » murmura George Sand, qui voyait déjà beaucoup de ses volumes démodés.

Il y a pourtant quelque chose que rien ne démode ; ce quelque chose, c'est tout simplement la nature ; voilà pourquoi, tous tant que nous sommes, nous voulons mettre la nature dans nos livres. Qu'est-ce que la nature ? c'est la vérité. Qu'est-ce que la vérité ? c'est l'art de mettre l'humanité en scène.

Notre premier tort, c'est de ne pas cacher notre art : l'homme le plus spirituel est peut-être celui qui cache son esprit, témoin La Fontaine, comme le plus grand peintre est celui qui cache sa palette, témoin Léonard de Vinci, aussi sa Joconde n'est pas un portrait, c'est une femme. Aujourd'hui il y a trop de virtuoses dans l'art et dans la littérature. C'est à qui montrera sa palette et sa plume.

On fait des romans parce que c'est encore plus amusant de conter que d'ouïr des contes ; mais pour tous les esprits doués d'un peu de sérieux, le roman comme le théâtre est l'école des mœurs.

Le roman moralise peut-être plus que le

théâtre, parce qu'il est plus intime, c'est un ami qui parle à la femme dans le silence de la chambre à coucher. Il ne faut donc jamais désespérer quand on prend la plume. Sauver une âme désespérée, sur mille, c'est déjà une conquête.

III

Ce qui m'a mis la plume à la main pour conter les aventures de Rosa, ce sont les larmes de la mère, ce sont les larmes de la fille, tout autant que le tableau des curiosités amoureuses de la vie parisienne.

Et quand on songe que chaque jour amène à Paris je ne sais combien de Rosa qui fuient la province parce qu'elles y ont été séduites et qu'elles ont voulu cacher leur maternité. Et ceci se passera ainsi jusqu'au jour où la loi, plus inquiète de la dignité des familles, dira au séducteur : « La recherche de la paternité n'est pas interdite. »

Dans *les Trois Duchesses*, j'avais plaidé la cause des enfants abandonnés — ceux qu'on appelle les enfants trouvés. — Dans *les Trois Filles du Cabaret*, Rosa en est une, j'ai tenté de formuler un réquisitoire contre les mauvaises mères, qui font les mauvaises filles.

Mais la société elle-même est une mauvaise mère, parce que la société n'est pas charitable à la femme, qui est toute charité.

Les philosophes d'occasion ont voulu souvent forcer la porte de la politique pour faire passer les femmes. Ils l'ont appelée à la tribune, ne comprenant pas dans leur aveuglement que la vraie tribune de la femme, c'est le foyer. Ils disent qu'il faut affranchir la femme, c'est-à-dire la jeter dans tous les préjugés de la vie publique. Ils s'écrient qu'il faut à la femme une place dans la société. N'a-t-elle donc pas la première, elle qui sauvegarde le berceau?

Platon, qui rêvait tout haut, Platon, la sagesse de l'antiquité pour les rêveurs d'aujourd'hui, a dit que les femmes étaient des hommes par le courage et par l'intelligence. Il demandait pour elles l'étude, la musique, les jeux du gymnase; il les voulait guerrières et législatrices. « Que les femmes de nos guerriers soient communes toutes à tous, et qu'aucune d'elles n'habite en particulier avec aucun d'eux. Les enfants seront communs et les parents ne connaîtront pas leurs enfants ni ceux-ci leurs parents. » Mais, si on eût appelé Platon à l'œuvre, il eût dit à Aspasie : « Allons nous promener ! »

Les philosophes ont beau reconnaître à la femme, au nom du droit civil et religieux, la prééminence de la mère de famille, ils n'osent aller jusqu'à lui accorder le privilège de voter des lois et de commander dans les batailles.

Apollon — un philosophe lumineux, puisqu'il s'appelle aujourd'hui le Soleil — a limité, en grand législateur, le pouvoir de l'homme et de la femme. N'a-t-il pas dit par la bouche des premiers poètes : « L'homme est le père de l'humanité, la femme n'en est que la nourrice. »

Homère, le plus grand des poètes après Apollon, comprenait bien, lui aussi, les devoirs de la femme dans l'humanité ; « Si ta mère veut former les nœuds d'un second hymen, dit Minerve à Télémaque, qu'elle retourne chez son père : c'est là que les

prétendants iront lui demander sa main. »
Et à son tour Télémaque dit à sa mère :
« Retourne à ton appartement, reprends tes
occupations, la toile et les fuseaux ; dirige les
mains industrieuses de tes femmes. » En effet,
dès que Pénélope est rentrée en sa maison,
ne retrouve-t-elle pas tout le respect qui est
dû à la femme, à l'épouse, à la mère ?

Xénophon l'a dit : « C'est dans sa maison
que la femme est souveraine; c'est là qu'elle
honore ceux qui le méritent; c'est là qu'elle
châtie ceux qui ont désobéi à la famille et à la
loi. « Si on cherche encore dans l'antiquité,
on trouve dans Hésiode cette admirable image
qui peint la femme entre l'homme et le bœuf.
C'est l'union de l'homme et de la femme en
communion avec la nature.

Le grand problème de la politique n'est pas
dans le discours des rhéteurs qui n'ont jamais
respiré l'air de l'atelier; mais dans cette idée
simple : le pain quotidien du corps et de l'âme
par le travail et par l'amour.

Mais le travail ne deviendra attractif que
si le sentiment de la famille reprend sa sève

féconde. Il faudra fermer rigoureusement le cabaret le lundi. L'ouvrier, depuis longtemps, commence trop mal la semaine pour la bien finir. Depuis que l'ouvrier ne connaît plus l'église et ne sait plus rien de l'Évangile, depuis qu'il est fier de se faire enterrer comme un chien, son foyer n'est plus qu'une tanière, d'où la fille s'échappe avec effroi dès qu'elle a seize ans, où le fils ne revient souvent qu'après une école buissonnière à la Roquette. Cette famille n'est qu'un enfer, où l'homme bat la femme qui travaille, jusqu'au jour où ils vont tous les deux « faire le lundi ».

A cette famille-là il ne manquait que le mauvais journal. Le mauvais journal est venu. Voilà pourquoi le plus criminel de tous, c'est le journaliste qui prend charge d'âmes sans y être appelé et qui jette le mensonge à pleines mains au lieu d'ouvrir une main pleine de vérités.

Le mauvais journal prêche l'athéisme : ceux qui sont déshérités sur la terre, on les déshérite de l'idée du ciel. C'est déjà l'enfer du Dante qui leur défend l'espérance. La misère aujourdhui, le néant demain.

Aussi le peuple égaré ne se console de ses défaillances que dans la ruine universelle; il ne se contente pas de vouloir ruiner son prochain, il veut ruiner Dieu lui-même; il trouve que la maison du Seigneur est trop belle ; il la pillait naguère d'une main deux fois sacrilège, puisqu'il la profanait en même temps. Et quelle profanation barbare ! Ce n'était pas seulement des crimes de lèse-divinité, mais des crimes de lèse-nation.

N'a-t-on pas vu des hommes et des femmes ivres de vin et d'impiété répéter les comédies de la première révolution, en disant la messe à l'autel, en défigurant les images sacrées, en parodiant ce culte si national rayé du code de la Commune ?

La religion, si elle ne donne pas la foi, imprime la loi dans l'âme ; c'est la dignité du pauvre, c'est l'humilité du riche. Hors de l'Église, il n'y a pas de salut social.

Quand la femme est forte, elle s'arme de sa faiblesse ; mais, quand la femme est faible, elle s'arme de sa force qui est Dieu. Que fera-t-elle sans travail, sans pain, sans Dieu ? Elle se révoltera.

Il faut avoir vu de près la mère au logis — au chenil où les petits crient la faim — quand l'homme est au cabaret. Autrefois, elle avait Dieu avec elle, la résignation chrétienne, le sentiment du devoir accompli et la quiétude de sa conscience. On n'avait pas vendu à l'athéisme sa part du paradis. Mais aujourd'hui il ne lui reste rien, sinon ses larmes. Horrible chose ! elle a perdu ses larmes, cette dernière expression du cœur, cette dernière parure de la femme.

Jean-Jacques-Rousseau disait : « Ouvrir des écoles, c'est fermer des prisons. » C'est aussi fermer des hospices. Mais, en attendant que tout le monde aille à l'école, en attendant qu'on supprime la misère — le jour se lève déjà — la charité, cette apparition divine dans la douleur humaine, devra plus que jamais passer sur le chemin du pauvre pour reconduire chez eux les plus accablés. La charité est une muse sublime qui se cache. Il y a à Paris ceux qui ne font pas de bien et ceux qui ne croient pas au bien qu'on fait. Mais combien qui ont la main doucement ouverte ! Comme a dit un moraliste : Il faut que le peuple songe, en voyant cette jeune fille rieuse et parée qui entre le soir avec sa mère dans l'opulent hôtel où retentit la fête, il faut qu'il songe comment elle s'est préparée aux plaisirs. Il faut qu'il sache que ces belles mains ont souvent, pendant de longues heures, taillé et cousu les rudes étoffes du *vestiaire des pauvres.*

La misère de la femme se révèle avec tout son relief dans cette histoire de la vie impossible des femmes dans les manufactures. Le cabaret est toujours au premier plan; mais ce n'est plus le gai cabaret des Flandres, où l'ivresse est un éclair de joie; c'est l'horrible cabaret où n'habite que l'ivrognerie toute spleenique des pauvres de Londres, de ces misérables qui battent leurs enfants quand ils refusent de boire, qui frottent avec de l'eau-de-vie les lèvres de ceux qui tètent encore.

Aux bacchanales de l'antiquité, on frottait du vin de la saison les lèvres des nouveau-nés; mais c'était le baptême de la gaieté, tandis que l'eau-de-vie est le baptême de la misère et de la débauche.

Et quand on songe que les enfants s'habituent à l'eau-de-vie à ce point que, quand leurs mères n'en boivent plus, ils refusent le sein !

Et combien, parmi celles qui ne s'enivrent pas, échouent à Saint-Lazare ou dans quelque tapis franc de la débauche patentée, la débauche qui ne sait même pas qu'elle est la débauche !

Là, on ne connaît ni les effarouchements de la pudeur, ni les larmes du repentir, ni même les ivresses de l'amour.

Ce jour-là l'ouvrière n'est plus une femme. Ne vous étonnez pas trop si la femme-furie apparaît dans les révolutions.

Ce n'est pas l'homme qui souffre, c'est la femme. Il lui sera beaucoup pardonné, parce qu'elle a beaucoup souffert.

Supprimez la pauvreté pour la femme. Et, en lui donnant sa part de tout convive, rendez-lui sa part du paradis, sa part de la terre et sa part du ciel.

Ne condamnez pas, comme vous le faites, à la honte sociale, ces pauvres filles qui ne savent rien de la vie, et qui mettent un enfant au monde parce qu'elles ont foi dans l'amour, sinon dans le mariage. Soyez hospitaliers à ces nouveaux venus, pour que la mère ne rougisse pas de sa maternité : l'amour qu'elle aura pour son enfant sera son pardon de l'amour qu'elle aura eu pour son amant.

Ne laissez pas oublier que sa force est dans sa douceur, que son éclat est dans l'ombre, que sa vertu est dans ses enfants. Pauvres femmes, sachez-le bien, votre République et votre Commune à vous, c'est la famille, c'est le foyer, c'est l'oubli du bruit de la rue; votre devoir, c'est d'apaiser les âmes, de consoler les ambitions déçues!

Et si vous devenez épouses, si vous devenez mères, n'oubliez pas le Dieu du sacrifice, le Dieu du catéchisme, le Dieu de l'Évangile. On vous prêche le Dieu du Néant : n'allez pas à cette paroisse-là.

L'absence de Dieu est mortelle aux âmes égarées. Le mariage chrétien est une sauvegarde : quiconque passe impunément devant l'Église quand il porte l'amour dans son cœur, finit par ne plus porter que la mort. Tous ces sceptiques du café et de la brasserie s'imaginent volontiers s'élever à la philosophie du Contrat social. Jean-Jacques s'était marié « en face de Dieu et de la nature ». On sait ce qu'il en advint. Il mit ses enfants à l'hospice. Il fut trahi par Thérèse et il s'empoisonna pour dernière consolation.

Si les révolutions brutales laissent faire les révolutions pacifiques, ceci tuera cela : le monde nouveau se rebâtira sur le monde ancien. La vérité, toujours flagellée, rayonnera peu à peu sur les dernières ténèbres. On sera moins sévère à la pauvre fille égarée qui donnera un enfant au pays ; on votera une récompense nationale à la mère de famille qui aura six enfants. L'esprit de douceur remplacera l'esprit de révolte. La femme du peuple ne s'armera plus contre la loi faite par les hommes, parce que la femme aura une part meilleure dans la distribution du travail et dans la vie de famille.

Oh ! les belles illusions des rêveurs et des réformistes qui ne savent pas que c'est la vie elle-même qui réforme la vie !

Ar—H—ye.

MADEMOISELLE ROSA

I

UN BOUQUET DE JEUNES FILLES

La Champagne est un pays qu'on aime beaucoup à table. C'était autrefois quand sautait le bouchon, aujourd'hui c'est quand on apporte le vin frappé à la glace. Mais quelque gai et jaseur que soit le vin de Champagne, il ne donne pas l'idée, on ne sait pourquoi, de pérégriner dans ce beau pays dont la vraie capitale est Reims, ville gourmande et rieuse comme toutes les villes archiépiscopales.

On a tort de ne pas se promener un peu par ce

pays de La Fontaine, où il n'allait d'ailleurs qu'en prenant le chemin le plus long, comme à l'Académie, dans la peur d'arriver, ici avant la fin de la séance, et là quand sa femme était encore chez elle.

Pour moi, quoique champenois, je vais quelquefois en Champagne. Voilà pourquoi je puis vous raconter cette histoire.

La première scène se passe dans un cabaret d'Aubigny-les-Vignes, à l'enseigne du *Cygne-de-la-Croix*. Un jour que je passais par là, j'ai remarqué trois jolies filles babillant à la porte. Bouquet de jeunesse et de gaieté ! Elles étaient attifées tout à la fois en champenoises et en parisiennes.

Et pourtant, nées à Aubigny-les-Vignes, elles n'avaient jamais vu Paris qu'à travers les romans. Peut-être quelques Parisiennes égarées par là leur avaient-elles révélé leur idéal. Car elles n'aspiraient qu'aux joies, aux folies, aux misères de Paris. Dieu d'ailleurs leur avait donné une mauvaise mère qui trahissait tout à la fois son mari et son cabaret, car elle buvait avec les ivrognes jusqu'à rouler sous les tables [1].

1. Quelques-uns de mes lecteurs n'ont peut-être pas oublié que j'ai déjà conté sous ce titre : *la Robe de la Mariée*, l'histoire de deux des filles du cabaret, Cécile et

Quoiqu'elles n'aimassent pas le vin, Cécile, Rosa et Orphise aimaient le cabaret. Elles étaient nées là dedans. Elles y avaient respiré la vie dans la jeunesse, ne se choquant pas des senteurs pénétrantes des vins répandus. C'était de là qu'elles étaient un jour sorties toutes blanches pour faire leur première communion. Le dimanche elles allaient à la messe tantôt roses, tantôt bleues, tantôt lilas, — un trio qui chantait aux yeux. — On se retournait pour les voir passer, chacun disait son mot sur elles. Or, il n'y avait pas que des rustres dans le village.

Et puis il y avait la fête au village et la fête au « village voisin », sans compter les fêtes et les dimanches. Les violons s'en vont comme toutes les belles choses, mais à Aubigny-les-Vignes il y a encore trois violons; ce ne sont pas les violons d'Orphée, mais enfin ce sont des violons. Les paysans et les paysannes aiment le vin blanc en musique; cela les émoustille, leur fait perdre la

---

Orphise; aujourd'hui c'est l'histoire de mademoiselle Rosa. Il y a des familles qui vivent dans les joies et les peines de la maison sans se hasarder dans les péripéties de l'amour; mais il y en a aussi qui n'aiment que la tempête. Aussi celles-là passent comme l'ouragan, frappent tout sur leur chemin, et s'abîment elles-mêmes dans les catastrophes. Comme disait Balzac, la tragédie bourgeoise verse les larmes de la passion tout aussi bien que la tragédie épique.

tête et leur donne le diable au corps pour danser.

Les trois demoiselles Moustier — je n'invente pas le nom — aimaient les trois violons d'Aubigny-les-Vignes.

Comment quitter un pareil pays, même quand on a rêvé les féeries parisiennes !

— Si nous partions ? disait la première.

— Quelle joie, mais quel chagrin, disait la seconde.

— Si nous restions ? disait la troisième.

Et elles restaient, tout en se promettant de partir pourtant un jour ou l'autre.

Mais partir, comment ? elles aimaient leur père et leur mère. Le père était un bonhomme qui arpentait pour de l'argent les vignes de son voisin. Il avait des vignes lui-même : mais on l'accusait d'être souvent dans les vignes du Seigneur; c'est vrai qu'il avait pris l'habitude de dire en arpentant : — Dix ares vingt centiares et une bouteille de vin. — Cinq ares dix centiares et on fera sauter le bouchon.

Mais il avait le vin bon; il n'embrassait même ses trois filles que quand il était ivre; les autres jours il trouvait que ce n'était pas sérieux. La mère buvait moins, mais n'avait pas le vin si tendre. C'était une grande femme blanche, sèche, glaciale, qui disait: Un sou est un sou, un sou et un sou font deux sous, comme toutes celles qui mettent de l'argent de côté; aussi elle avait donné plus d'un soufflet à mesdemoiselles ses filles quand elles faisaient mal l'addition des buveurs, quand elles faisaient trop bien la soustraction avec elle dans leurs comptes de couturières. Rosa la cadette, par exemple, avait été plus d'une fois giflée, selon l'expression du pays, parce que le soir elle brûlait de la chandelle pour lire des romans.

C'est égal, les trois sœurs aimaient leur père et leur mère; leur père, parce qu'il était bonhomme et qu'il les aimait; leur mère, parce que c'était leur mère.

A ce propos, la cadette, qui était la plus maltraitée, répondit ce beau mot à une de ses amies, qui lui demandait comment elle pouvait aimer sa mère après tant de gifles :

« C'est que j'ai été au catéchisme. »

Oui, c'est là un beau mot, dont les réformateurs et les athées ne sauraient trop se pénétrer.

Il y a un proverbe qui dit : C'est la mère qui fait ses filles. Le proverbe a raison.

La vraie école des filles, c'est l'école des mères. Dis-moi qui est ta mère, je te dirai qui tu es. La mère, c'est l'exemple; pour l'enfant, c'est l'image sainte, c'est le reflet de Dieu. Si elle répand dans la maison des vertus familiales, elle montre à ses filles que la vie est un chemin d'épreuves, hanté par le dévouement et le sacrifice; si elle leur prouve que le travail est une bénédiction qui console de tout avec l'espoir en Dieu; si elle leur permet de rire et de chanter, parce que la gaieté est plus saine que la mélancolie; en un mot, si elle se montre toujours la mère, elles se montreront toujours les filles, même aux heures de rébellion. La nature a ses tempêtes, mais la maison souriante est un refuge toujours aimé.

Si les trois filles du cabaret, trois oiseaux chanteurs, s'envolent un jour de la maison, ce sera la faute de la mère.

Tout justement voilà l'orage qui gronde.

Au moment même où je passai devant les trois sœurs, la mère survint comme la foudre.

—Qu'est-ce que ces manières-là, mesdemoiselles? Si vous continuez à jouer des yeux avec les gens qui passent, je vais vous mettre là-haut. Vous faites semblant de travailler, mais vous ne travaillez pas. Cette robe sera passée de mode quand elle sera finie. Et ce bonnet? et ce manteau? Vous moquez-vous du monde? Vous ne faites rien qui vaille. Si on vous laissait faire, vous ne feriez rien du tout.

Je m'étais attardé à la porte voisine devant quelques gravures exposées par un vitrier. La colère de la mère me donna soif — de voir les filles de plus près.

J'allai droit à la porte du cabaret pour demander une demi-bouteille de vin de Champagne comme on demande un bock à Tortoni. Mais voilà qu'une des trois sœurs, mademoiselle Rosa, — la plus giflée — jeta à sa mère la robe qu'elle finissait.

— Tiens, lui cria-t-elle avec une jolie impertinence, si cette robe n'est plus à la mode, tu la mettras.

C'était la première fois que cette fille osait riposter à sa mère.

— Chut ! dis-je en levant les mains comme pour apaiser la tempête.

La mère se contint. Elle se contenta de menacer sa fille par un regard qui semblait dire : Tu ne perdras rien pour attendre ! Elle essaya de me saluer par un sourire et elle me dit en adoucissant sa voix :

— Entrez, monsieur, je vais vous servir.

J'allumai une cigarette et je me promenai dans la première salle du cabaret, où il n'y avait pas un seul buveur.

Les trois demoiselles s'étaient remises à l'œuvre

tout en chuchotant. La mère reparut presque aussitôt armée d'une demi-bouteille coiffée d'argent.

Je commençai à croire que je n'étais entré que pour boire du vin de Champagne tant cette demi-bouteille allécha mes yeux et mes lèvres.

— Voyez-vous, me dit la mère en cassant le fil de fer, c'est un rude travail que d'avoir trois filles. Celles-là en valent bien d'autres, mais j'ai beau faire, elles ne prennent rien au sérieux.

— Voulez-vous donc qu'elles donnent des leçons de mathématiques?

— Pourquoi pas, monsieur? Est-ce donc un mal que de penser à faire des économies? Elles ne savent pas seulement compter sur leurs doigts après avoir été dix ans à l'école.

— Voyez-vous, madame, quand on a vingt ans et qu'on est jolie, on n'a pas besoin de savoir compter sur ses doigts pour connaître le nombre de ses amoureux.

— Les amoureux! monsieur, comme disait ma mère, c'est de la mauvaise herbe qu'il faut arracher du seuil de sa porte.

— Que diable, madame, si vous n'aviez pas eu des amoureux, vous ne vous seriez pas mariée, et vous n'auriez pas mis au monde trois jolies filles. A votre santé, madame.

II

LE FORGERON

J'en étais à mon premier verre. Je comptais bien ire le second à la santé de ces demoiselles.

— Vous êtes bien bon, monsieur, dit la mère.

— C'est votre vin de Champagne, qui est bien bon. faudra que je vous en achète quelques paniers. ielle est donc cette marque?

— C'est notre marque, monsieur ; le champagne ι Moustier. C'est nous qui le fabriquons.

— J'aime à croire que vous fabriquez ce vin avec ι raisin.

— Ah! oui, monsieur. Ce n'est pas comme le archand de là-bas, près de l'église, qui fabrique ın vin avec des pommes.

Les trois sœurs regardaient de notre côté, mais sur un coup d'œil de la mère elles baissèrent les yeux.

— Les péronnelles! si je n'étais pas si bonne, elles seraient plus soumises, mais leur père les a toujours gâtées. Je leur permets de se mettre à la porte à cause du soleil, mais je finirai par les emprisonner là-haut.

— Voyez-vous, madame, il faut toujours mettre en belle lumière les oiseaux, les roses et les femmes, sans quoi les oiseaux ne chantent pas, les roses ne fleurissent pas, les femmes...

— Oui, oui, je connais la chanson, mais je ne la chante plus.

Ces demoiselles m'avaient offert de m'asseoir. Ce fut la mère elle-même qui apporta une chaise. J'avais pris un air trop sérieux pour qu'elle eût peur de moi.

— C'est cela, monsieur, me dit-elle, donnez-leur de bons conseils à ces petites filles-là.

Je n'y manquai pas; je leur représentai toutes les joies patriarcales de la vie de famille et de la vie champenoise. Je ne paraissais pas les convaincre beaucoup, quand un homme bronzé comme une médaille antique vint à ma rescousse. C'était un beau forgeron de vingt ans qui en tenait pour la

dette; il ne m'avait pas vu et il s'était hasardé
qu'à la porte.

Quand la mère fronçait le sourcil, il demandait
e demi-bouteille pour avoir raison de cette
mme à principes.

— Ce n'est pas le moment, dit la cadette en fai-
it signe au forgeron de s'éloigner.

Mais le forgeron était un caractère d'acier,
mpé à bonne forge.

— Tu sais, Rosa, on fait encore la fête aujour-
ui, à Aulnay-les-Bois. Y viendras-tu?

— Chut! va-t'en.

Et comme la mère montra sa tête au-dessus de la
enne, le forgeron enjamba les trois Grâces et
ssa dans le cabaret.

— Cet homme-là, dit l'aînée, n'a pas d'usage
ur deux sous.

— Oui, mais il a peut-être du cœur pour quatre
is, dis-je en admirant sa stature herculéenne et
1 air décidé.

— Oh! mon Dieu, murmura mademoiselle Rosa,
n'est pas encore celui-là qui décrochera mon
ile.

— Alors, dis-je à la cadette, ce n'est pas vous
i irez à Paris?

— Ni Orphise non plus, dit l'aînée en voyant

venir un jeune blanc-bec à peine échappé du collège, qui était depuis un mois surnuméraire du percepteur.

En effet, je vis le cœur de la plus jeune battre de joie et d'inquiétude.

Elle murmura :

— Est-il assez bête ! Il vient toujours pour que ma mère le voie.

Elle détourna la tête. Le jeune blanc-bec comprit et passa son chemin.

C'était l'opposé du forgeron, qui avait dit de lui la veille : « J'en fricasserais douze comme celui-là à mon déjeuner ; » et qui avait ajouté : « Si j'aimais le veau. »

Le jeune homme n'avait pas voulu se laisser fricasser si aisément. Il s'était rebiffé et avait menacé le forgeron de son épée, car il faisait des armes, étant fils d'un officier. Mais l'homme de la forge, qui forgeait des armes agricoles, lui avait proposé un duel à la fourche, qui avait abouti en un duel à la fourchette, parce qu'il était de leur intérêt d'être bien ensemble pour triompher des deux sœurs.

Je ne fus pas bien long à faire mon voyage d'exploration dans le cœur de ces demoiselles. Il y avait là trois filles du même sang, mais trois caractères bien personnels : — une orgueilleuse, la première ;

— une rieuse, la seconde ; — une pleureuse, la troisième. — Est-ce parce que la première était brune, la seconde rousse, la troisième blonde — blond comme le chanvre — avec des fleurs de lin ?

Je m'étais arrêté là comme pour respirer un bouquet de jeunesse et réjouir mes yeux dans ces trois jolies figures toutes pleines de promesses, mais ce n'était pas pour cela que je passais à Aubigny-les-Vignes. Je pris mon chapeau.

Les trois filles du cabaret me souhaitèrent bon voyage et je leur souhaitai bon mariage.

La seconde, qui avait plus que les autres le mot pour rire, me dit qu'elle m'enverrait une lettre de faire part.

— Je n'oublierai pas votre nom.

— Rose, Rosa, Rosette.

Et elle me dit adieu par son franc sourire.

III

IL N'Y A PAS DE FÊTE SANS LENDEMAIN, MAIS LE SURLENDEMAIN !

Je ne vais pas souvent à Aubigny-les-Vignes. J'avais emporté un vif souvenir de ce cabaret pavoisé de si jolies filles ; mais peu à peu ces images s'étaient effacées comme tant d'autres sur le miroir de l'imagination.

Au bout de sept ans, je retournai à Aubigny-les-Vignes. Cette fois ce souvenir reparut sur les eaux-fortes de ma mémoire.

— Ah ! les jolies filles que c'était là ! dis-je en marchant vers le cabaret.

Mais il n'y avait plus de jolies filles, que dis-je, il n'y avait plus de cabaret !

Une voisine m'apprit que le cabaret était devenu « la proie des flammes ».

— J'aime à croire que les trois filles de la maison n'ont pas été brûlées vives.

— Non, monsieur, mais je n'en dirai pas autant du cabaretier.

— Il a été brûlé !

— Oui, monsieur, comme un cochon, ce n'est pas trop dire. Que voulez-vous, il était toujours soûl. Un bon homme d'ailleurs ! il n'aurait seulement pas fait de mal à une mouche, excepté quand elle tombait dans son vin.

— On n'est pas parfait, madame. Et comment s'est-il brûlé ?

— Est-ce qu'on sait ? Il faut dire qu'il avait bien du malheur. D'abord, il a perdu sa femme.

— Il y a des maris qui se consolent quand c'est une femme comme celle-là, car il paraît qu'avec elle il n'y avait pas de l'eau à boire. Est-ce qu'elle était morte de sa belle mort ?

— Pas du tout, monsieur, elle s'était jetée dans le puits.

— Est-ce qu'elle n'aimait pas le vin ?

— Elle n'aimait que le vin.

— Si elle s'est jetée à l'eau, c'était pour donner l'exemple à cet ivrogne incorrigible.

— Oui, mais il n'a pas suivi l'exemple, il a bu du vin jusqu'au bout. C'est en buvant qu'il a mis le feu. Comment a-t-il mis le feu, voilà ce qu'on ne sait pas. Il y en a qui disent que c'est lui qui a pris feu, car cet homme-là ce n'était pas seulement une bouteille de vin de Champagne, c'était une bouteille d'eau-de-vie.

— C'est une belle fin pour un ivrogne. Mais ses trois filles?

— Ah! ses trois filles, c'est une autre histoire. Elles ont repris là-bas près de l'église une boutique de modes avec l'argent du notaire. Aussi la femme du notaire ne se faisait pas habiller par ces demoiselles ni coiffer, n'est-ce pas?

A cet instant je reconnus le forgeron un peu moins bronzé qu'autrefois, mais toujours haut en couleur. Il conduisait par la main une toute petite fille rousse, enjouée et babillarde.

— Voilà, dit la voisine de la maison brûlée, un homme qui pourra vous en dire plus long que moi sur l'histoire de ces demoiselles. N'est-ce pas, mon cousin?

Le forgeron s'arrêta avec quelque surprise.

En le voyant plus près, je fus frappé de le voir vieilli avant l'âge. Un air de profonde tristesse était empreint sur sa figure.

— Mon Dieu, monsieur, lui dis-je avec sympathie, je n'ai pas le droit de vous interroger, mais je m'intéressais aux gens qui étaient là...

J'indiquai les ruines du cabaret.

Le forgeron soupira.

— Les gens qui étaient là n'y sont plus.

— Si je ne me trompe, monsieur, cette charmante petite fille...

— Oui, monsieur, c'est la fille de Rosa.

Et comme s'il voulût la reconnaître bien haut, il reprit avec une certaine emphase :

— La fille de Rosa et de moi-même.

Je voulais faire parler le forgeron et la voisine.

— Les trois filles, dit le forgeron, on ne sait pas ce qu'elles sont devenues. Il paraît que l'une d'elles est morte ; ce qu'il y a de plus triste, c'est qu'on ne sait pas laquelle.

— Vous n'avez donc pas épousé Rosa ?

— Ah ! mon Dieu ! je l'ai épousée sans l'épouser... Je ne demandais pas mieux, mais son père, un arpenteur ! faisait des façons... Rosa elle-même ne demandait pas mieux.

— Je crois bien, dit la voisine, elle était folle de lui : elle a plus d'une fois pleuré dans mes bras.

Je vis deux larmes dans les yeux du forgeron. Je lui serrai la main.

—Alors, cette jolie enfant, vous l'avez recueillie !

— C'était bien le moins, puisque sa mère l'abandonnait.

Rosa n'avait pas donné de ses nouvelles. Elle s'était contentée d'envoyer sa fille à son père et à sa mère. Et alors le forgeron s'en était emparé comme d'un trésor.

Pierre Lemaître me dit :

— Tout ça ce n'est pas la faute de Rosa, mais de sa mère. — Avec une mère comme la sienne il n'y avait qu'à se jeter dans le puits ou à s'enfuir.

— Et Rosa s'est enfuie, dit la voisine. Que voulez-vous, elle était grosse à pleine ceinture.

— Ce n'est pas de sa faute, dit encore le forgeron.

— Oh ! oh ! dit la voisine de l'air d'une femme qui ne badine pas avec l'amour, si c'est de votre faute, c'est aussi de la sienne. Voilà ce que c'est que d'aller à la fête à Aulnay-les-Bois.

Je me rappelai qu'on était tout justement au lendemain de la fête, quand le forgeron avait dit à Rosa devant moi : « Tu sais que c'est encore aujourd'hui la fête à Aulnay-les-Bois. »

— Ah ! le lendemain de la fête, c'est encore la fête ! Mais le surlendemain !

— Voyez-vous, reprit le forgeron, ces filles-là lisaient trop de romans.

— Vous avez bien raison, je ne sais pas pourquoi il y a encore des romanciers.

— Ah! monsieur, si je pouvais briser toutes leurs plumes sous mon marteau, ce serait bientôt fait.

— Et ce serait bien fait. Seulement, vous me permettrez de vous faire remarquer que si Rosa eût lu des romans au lieu d'aller à la fête à Aulnay-les-Bois, cette jolie petite fille que vous avez à la main ne serait pas là.

Le forgeron parut réfléchir.

— Que voulez-vous? On a ses quarts d'heure de folie. Si c'était à refaire, c'est moi qui me croiserais les bras !

— Enfin, c'est vous qui avez été le vrai romancier pour Rosa, le romancier en action. Le premier roman de sa vie, elle l'a lu avec vous.

La voisine écoutait avec sympathie.

— C'est pourtant vrai, monsieur, ce que vous dites là : les jeunes gens accusent les femmes quand ils sont les premiers coupables.

— Oh ! s'écria le forgeron, Dieu m'est témoin que je n'accuse pas Rosa; elle peut revenir ici le jour ou la nuit; elle peut frapper à ma porte, je lui ouvrirai mes bras. Et je les fermerais sur elle avec tant de bonheur que je serais capable de mourir sur le coup.

C'était la passion, c'était le sentiment, c'était le cœur qui parlait.

— Comment n'êtes-vous pas parti avec elle ?

— Ah ! c'est mon regret éternel, car si elle est morte, je serais mort avec elle, et, si elle vit, elle ne vivrait pas avec un autre.

Le pauvre forgeron avait pâli sous cette pensée.

J'assistai à une scène si vraie d'un drame intime, qu'un peu plus j'y allais moi-même de ma larme.

Dans ma curiosité, j'arrachai çà et là au forgeron quelques souvenirs de la vie des trois sœurs. Mais bientôt, quand il se fut éloigné, entraîné par sa fille, qui voulait cueillir des bluets dans les javelles — car on fauchait les seigles, — la cousine m'ouvrit son cœur.

— Ah ! monsieur, si vous saviez comme cet homme est malheureux. Il y en a qui se consolent au bout d'un an, au bout de deux ans, au bout de trois ans, mais celui-là ne se consolera jamais. Il aurait pu faire un bon mariage avec une brave fille qui a du bien, avec une autre qui a la meilleure vigne de la montagne ; il dit toujours non et il attend toujours Rosa. Par malheur, Rosa ne reviendra pas. Ça se comprend, n'est-ce pas, monsieur ? Si elle voulait revenir, elle serait déjà revenue ; car enfin elle a envoyé ici sa petite fille et elle ne l'a plus revue. Ce n'était pas là une marâtre ; elle avait bon cœur, je vous en réponds. C'est tout de même bien malheureux pour ce brave homme !

A son tour, la voisine essuya une larme.

— On ne sait pas comme il aime l'enfant de Rosa ! On dirait une légende. Il n'est pas dévot, n'est-ce pas ? Il va à la messe fêtes et dimanches avec Rosette, parce que sa mère allait à la messe ; il croit qu'il la retrouve un peu. Si vous saviez comme il travaille ! En voilà un qui n'enrichit pas les cabarets. S'il va de ce train-là, il fera une vraie dot à Rosette.

— C'est un brave homme, je suis content de lui avoir donné la main.

— Vous pouviez faire plus mal, monsieur.

— Mais enfin vous avez dû avoir des nouvelles des trois sœurs ?

— Oui, monsieur, pendant un temps, mais ce serait trop long à vous dire.

— Dites toujours.

— Par exemple, je pourrai vous parler de mademoiselle Cécile, car, comme on dit, à l'œuvre on reconnaît l'ouvrière. Or, celle-là, nous l'avons vue à l'œuvre. Elle a ruiné le notaire et tué sa femme sous le chagrin. C'etait un scandale de tous les jours. La mère avait beau la rouer de coups, elle continuait son jeu, ne regardant ni en avant ni en arrière, se moquant de Dieu et du diable. Au moins si ses deux sœurs ont péché comme elle, elles ne l'écrivaient pas sur leur bonnet, tandis que Cécile marchait le front haut pour faire le mal comme une autre irait à la messe ; ce qu'il y a de plus joli, c'est que tout cela l'a conduite à la fortune, mais la fin fera le compte, car mon opinion à moi, c'est qu'on est toujours puni par où on a péché. Ainsi Orphise est morte du poison qu'elle avait préparé pour son amant. Je ne suis pas cagote, mais monsieur le curé a bien raison de dire que les méchants sont punis sur la terre avant d'être punis dans le ciel. Qui vivra verra.

— Continuez, madame, vous parlez comme un livre.

— Oh ! si je parlais comme un livre, je prêcherais mieux. Par exemple, je dirais que la mère de ces trois malheureuses filles a eu bien des torts. Comme dit la Sœur de la Providence, qui instruit nos enfants : « Être mère, c'est continuer Dieu. »

— Voilà une belle parole.

— Voyez-vous, la mère Moustier avait elle-même mal commencé... des amoureux... cela se savait trop... Et puis, pour mettre un masque, elle était devenue sévère et méchante envers ses filles.

— Vous avez raison : de la douceur, de la douceur, de la douceur !

— On ne prend pas les mouches avec du vinaigre et on « n'éduque » pas les filles avec des gifles.

Celle qui parlait ainsi était la femme d'un tonnelier, une vraie femme et une vraie mère qui avait d'ailleurs fort à faire avec six enfants dont quatre jasaient autour d'elle, des marmots ébouriffés et barbouillés de guignes.

IV

LES ADIEUX

Après l'histoire de Cécile et d'Orphise je vais donc conter l'histoire de Rosa.

Naturellement, l'exemple de ses sœurs — qui avaient pris les devants — n'empêcha pas mademoiselle Rosa de tomber dans les mêmes abîmes. D'ailleurs, si elle apprit à Paris par quelques payses les premières aventures de Cécile, elle ne sut pas un mot de l'histoire d'Orphise.

A peine sorties du cabaret pour entrer dans la boutique de modes, près de l'église d'Aubigny-les-Vignes, elles s'étaient envolées toutes les trois comme des oiseaux quittant le nid, pour ne se plus retrouver.

Ce n'était pas précisément le goût des aventures qui avait donné des ailes à Rosa : elle avait reconnu avec effroi que la fête d'Aulnay-les-Bois était une date terrible dans sa vie. C'était en vain qu'elle s'efforçait de porter les mêmes robes sans les relâcher, tout le monde vantait en riant l'opulence de son corsage. Quoique sa mère fût la dernière à s'en apercevoir, elle lui prouva un jour, par une paire de gifles, qu'elle n'était pas aveugle. Elle lui reprocha d'être la honte de la maison. Elle lui prédit qu'une jeune fille comme elle finit toujours mal. Elle lui donna sa malédiction sans s'attendrir à ses larmes et à ses agenouillements.

Voilà pourquoi Rosa partit pour Paris, avec cette dernière illusion que, si elle accouchait là-bas, dans ce pays perdu, elle pourrait encore tromper son monde à Aubigny.

Elle suivait d'ailleurs le conseil de Cécile, qui lui promit de veiller de loin sur elle, mais qui la laissa partir sans argent. Ce ne fut que grâce à Orphise que Rosa put gagner Paris. La vanité avait déjà tué tout ce qu'il y avait de bon chez Cécile. Elle gardait les pièces de cent sous du notaire avec l'âpreté du conquérant qui garde ses soldats.

- Voilà donc cette pauvre Rosa partie pour Paris, sans dire adieu à personne. Je me trompe, Orphise la conduisit toute une demi-lieue, lui portant sa petite valise et l'encourageant de tout son cœur.

— Ma pauvre Rosa! lui dit Orphise en l'embrassant, je ne puis pourtant pas aller ainsi jusqu'à la station, ma mère croirait que nous sommes parties toutes les deux, elle me tuerait de coups.

On s'embrassa en pleurant ; mais, à peine s'était-on perdu de vue, que le forgeron rejoignit Rosa.

— Est-ce possible que tu t'en ailles ? lui dit-il en l'abordant.

Il était pâle et désolé comme la vraie passion.

— Et que veux-tu que je fasse ici de moi et de ton enfant ?

— Mon enfant ! Il n'est pas encore là.

— Tu sais bien ce qu'on dit tout bas à Aubigny. Si je restais plus longtemps, on le dirait tout haut.

— Pourquoi aussi ton père et ta mère ne veulent-ils pas que je t'épouse ?

— Pourquoi, pourquoi ? des vaniteux ! mon père se croit quelque chose et ma mère se croit beaucoup. Quand je serai à Paris, je leur écrirai que je vais me jeter à la Seine, s'ils refusent de faire notre bonheur.

— Oui, notre bonheur.

Le forgeron prit Rosa dans ses bras et l'embrassa comme du pain.

— Oui, ma belle petite Rosa, puisque tu as cette idée, va-t'en à Paris, ils n'auront pas le cœur de faire notre malheur.

Le forgeron avait saisi à son tour la valise.

— Tu comprends bien, Rosa, que je ne vais pas te laisser toute seule sur le chemin. Si j'avais osé, j'aurais pris la carriole de Thomas le Rouge; mais on aurait trop jasé. Je ne désespère pas de voir passer une voiture sur notre route. Quand ce ne serait qu'une charrette. J'ai là une pièce de cent sous pour ça.

Et après un silence:

— Une pièce de cent sous, j'en ai plusieurs, vois-tu. Quoique mon père y regarde de près, j'ai mis de côté deux cents francs pour toi !

Rosa serra la main du forgeron.

— Je sais bien que tu m'aimes, mais, vois-tu, l'argent gâte l'amour ; je ne veux pas un sou de ta main ; ça me porterait malheur. Quand nous serons mariés, à la bonne heure. Garde ça pour ton enfant.

Comme elle disait ces mots, passa la voiture d'un fermier, laquelle effleura le forgeron.

— Eh ! là-bas, Marjoly, vous voulez donc me rouer ?

— Vous rouer ? c'est que je suis en retard. Il faut que j'arrive au premier train, mais je ne veux pas vous rouer, au contraire.

— Au contraire, au contraire, ça veut dire que vous allez prendre Rosa avec vous, parce qu'il faut qu'elle arrive aussi au premier train.

— Eh bien, qu'elle saute sur le marche pied, mais ne perdons pas notre jeunesse.

Le forgeron jeta la valise dans le cabriolet, puis, saisissant Rosa avec force, mais avec douceur, il l'éleva et la jucha à côté du fermier.

— Bonjour, bonsoir, dit cet homme en faisant signe au forgeron.

Mais le forgeron était sur le marchepied et retenait la bride.

— Donnez-nous le quart d'heure de grâce, il faut bien se dire adieu.

Il but deux belles larmes de Rosa et retomba anéanti sur le chemin.

— Ah ! murmura-t-il, elle ne saura jamais comme je l'aime.

Rosa se retourna vingt fois avant de le perdre de vue ; il était toujours là agitant la main et priant Dieu.

— J'ai opinion, dit le fermier, que votre galant va rester planté là-bas jusqu'à votre retour. Quand vous reviendrez, il lui poussera des feuilles.

Rosa versait de vraies larmes, car elle avait le pressentiment qu'elle ne reverrait pas son cher amoureux.

— Vous l'aimez donc bien?

— Si je l'aime! jusqu'à aimer l'odeur de sa forge. Voyez plutôt.

Rosa montra au fermier une pincée de mâchefer.

— C'est bel et bon, mais vous ne serez pas plus tôt à Paris que vous oublierez la forge et le forgeron.

— Pourquoi?

— Parce que vous êtes belle.

V

LE BILLET SOUS SEING PRIVÉ

Que devint Rosa ? Ce fut le point d'interrogation qu'on se posait dans tout Aubigny, depuis le *Cygne-de-la-Croix* jusqu'au presbytère, où monsieur le curé s'inquiétait de sa paroissienne. C'est que ce n'était pas la plus mauvaise ; elle eût été une des meilleures sans le forgeron. « Mais ce diable d'homme battait le fer pendant qu'il était chaud. »

Que fit Rosa en arrivant à Paris, avec une peignée d'argent et beaucoup de larmes au cœur ?

Elle se présenta à vingt boutiques de lingerie ou de modes, mais il y avait toujours trop de « demoiselles ».

Comment faire ? Se jeter à la Seine ou à la

scène ? Il y a des petits théâtres où on vous prend rien que sur votre figure. Mais Rosa, qui avait la plus jolie figure du monde, ne pouvait plus guère poser pour la grâce ni pour la taille. Elle disait comme André Chénier : « Il y a quelque chose là. » Elle n'avait d'ailleurs pas de dispositions pour le théâtre non plus que pour le suicide. Une fille si gaie et si vivante ! Une bouche si bien ouverte à toutes les gourmandises, des yeux si bien ouverts à toutes les curiosités !

Rosa se décida à « entrer en maison », quoiqu'elle fût fière ; elle se décida même à passer par la cuisine.

Ce n'était pas un cordon bleu de haute cuisine. Elle n'avait allumé le fourneau de sa mère que pour des buveurs endimanchés, qui voulaient mieux boire en fricottant. Mais on fait de bons ragoûts en Champagne. Que dis-je? la première venue met à la broche un poulet et le dore merveilleusement devant un feu tout rouge. Ce n'est pas tout, il n'y a pas de pays au monde où l'on fasse si bien les omelettes au jambon, ni les côtelettes de cochon toutes saupoudrées de chapelure ! J'allais oublier les œufs brouillés aux morilles, cette truffe du Nord. Et les tartes aux fruits qu'on appelle là-bas des flans. Et les gâteaux à la casserole qui ont si belle mine et qui font de si beaux yeux. La galette feuilletée est sous-entendue.

Mais jamais on n'en avait fait d'aussi bonne que celles de Rosa. Il fallait voir ses belles mains pétrir la pâte avec amour, dans la maie de noyer! Sans compter qu'avec une si belle cuisinière on ne pouvait pas se plaindre de trouver des cheveux dans la soupe; car elle avait une de ces belles et opulentes chevelures qu'on eût payées au poids de l'or.

Mais on trouva que la belle cuisinière dépensait trop d'argent. Elle retourna au bureau de placement où on lui offrit d'être femme de chambre à Passy, boulevard de l'Empereur, chez une dame fort coquette, mais un peu capricieuse.

— Ça, lui dit le bureaucrate, comme on connaît les saints on les honore. Il ne faut jamais répondre aux observations de cette dame, même quand elle dit des bêtises. Le silence est la politesse des femmes de chambre. Vous travaillerez tard et matin, mais, en revanche, vous toucherez quatre-vingts francs par mois. Le premier mois, vous me le donnerez, est-ce dit?

Rosa fut ravie du chiffre; elle pensait que quatre-vingts francs par mois, c'était déjà la fortune.

Les femmes qui font leur chemin à Paris prennent mille et un sentiers. Il y en a qui débutent par un enlèvement glorieux, il y en a qui commencent par être cuisinières. Rosa ne se trouvait pas trop humiliée de commencer par être femme de chambre.

Dès son entrée chez madame Husson, elle fut exquise ; on n'eût pas reconnu celle qui giflait si bien les gars d'Aubigny. Je ne parle pas du forgeron, car les femmes les plus décidées trouvent toujours leur maître. Le soir, madame Husson vantait sa douceur à M. Husson.

Il me faut donner ici un petit crayonnage de monsieur et de madame.

Monsieur était un ci-devant beau, qui se croyait plus jeune que jamais. C'est l'histoire de tous les don Juan édentés. Il avait fait sa fortune dans la haute draperie. Ce n'était plus désormais qu'un homme à bonnes fortunes, d'autant plus charmant avec sa femme qu'il n'avait plus le temps d'être le mari de sa femme.

Mais, rassurez-vous, elle n'était pas en reste avec lui.

Madame Virginie Husson avait d'abord pleuré sur son abandon, mais elle avait fini par se consoler. Avec quoi ? avec l'amour. Avec qui ? avec son médecin.

— Voyez-vous, madame, lui avait dit un jour le docteur Lemaître, il ne faut pas tomber dans l'anémie.

— Mais comment faire, docteur ?

— C'est bien simple, madame Husson, il faut vivre gaiement.

— Vous en parlez à votre aise. Et si on a des chagrins ?

— On met ça avec les vieilles robes. Le chagrin est l'ennemi de la femme, parce qu'il tue la beauté.

Madame Husson s'était retenue une fois, deux fois ; à la troisième consultation, elle avait fini par ouvrir son cœur :

— Voyez-vous, docteur, ces monstres de maris font le désespoir de toutes les femmes.

— A qui dites-vous cela, madame: toutes mes clientes sont trahies, mais elles ne sont pas si bêtes que de se laisser mourir de chagrin ; la vengeance est le plaisir des dieux et des femmes. Prendre sa revanche, c'est reprendre pied dans la vie. Avec une beauté comme la vôtre, les adorateurs sont en nombre autour de vous !

— Et la vertu, docteur !

— La vertu, pas trop n'en faut ; il y a une chanson là-dessus ; les plus belles roses périraient sans les orages.

— Docteur, vous avez là des opinions avancées.

— Que voulez-vous, moi, je suis du nombre des médecins qui sauvent leur pays et leurs malades.

— Oui ! oui ! je comprends, on m'a dit que vous

étiez un médecin à la mode chez les étrangères lorsque les maris sont absents.

— Eh bien ! madame, il faut traiter les maris qui vous trompent comme des maris absents ; ils sont bien plus absents que les autres.

Le médecin tâtait le pouls à madame Husson ; il finit par lui tâter le pouls au cœur en murmurant :

— Ce pauvre cœur malade...

— Chut ! dit-elle, mon cœur finirait par parler.

Le cœur parla. C'était une femme de trente-huit ans. Cinq minutes plus tard, le cœur ne parlait plus ; cinq minutes plus tôt, il ne parlait pas encore, le médecin arrivait donc à temps.

C'était le don Juan des amours *in extremis*. S'il aima madame Virginie Husson, cela nous importe peu ; mais ce qui ne fut pas un mystère, c'est la folle passion de madame Virginie Husson pour le docteur Lemaître. On en parla dans tous les hôtels voisins, car on voyait ces amoureux à l'heure des bonnes fortunes du mari s'égarer dans le dédale feuillu du parc en miniature.

Les choses en étaient là quand mademoiselle Rosa entra dans la maison ; tout le monde la trouva à son goût.

— Elle est belle, dit le mari.

— Elle est jolie, dit l'amant.

— Oui, dit madame Husson, qui avait dessiné vers sa dix-septième année, mais ce n'est pas une figure régulière.

— Enfin, reprit le mari, c'est un déjeuner de soleil dont on se contenterait en sortant du collège.

Dès le lendemain, il armait ses yeux comme deux revolvers quand il passait devant la femme de chambre.

Tout est bon pour les chasseurs de femmes, même les femmes — de chambre. Mais comme il eut peur d'inquiéter madame Husson, il eut l'air de tempérer sa première admiration.

— Tu as raison, lui dit-il ; cette fille a des semblants de beauté, mais c'est bien peu de chose.

Le médecin aussi rattrapa un peu de son compliment, tant sa maîtresse était jalouse.

Rosa n'était pas la vertu même, mais c'était une nature loyale qui allait dans la vie, bon jeu bon argent, sans vouloir tromper personne. Aussi ce fut toute une affaire quand il lui fallut être de moitié dans les tromperies de madame Husson. Elle commença par refuser tout net ; mais elle se ravisa parce qu'elle craignit de ne pas retrouver une autre place ; d'ailleurs elle pensait, non sans quelque raison, qu'il y avait plus d'une femme à Paris comme sa maîtresse.

Or elle était condamnée à ceci : quand ne venait pas le médecin, c'est-à-dire six jours par semaine, — on ne peut pas toujours être malade, même quand on est amoureuse, — Rosa lui portait un billet doux et en rapportait un.

Dans les lettres de part et d'autre, on parlait de la petite poste. Qu'était-ce que la petite poste ?

Madame Husson avait imaginé de confier son secret au corsage de Rosa.

Rosa avait dit gaiement la première fois :

— Mais, madame, il n'y a pas de place.

En effet, la jeune Champenoise avait le sein modelé en pleine pâte ; mais madame Husson, plaçant elle-même sa lettre, lui prouva qu'il y avait toujours de la place pour ces choses-là. Le mieux est l'ennemi du bien.

Madame Husson recommanda à Rosa de mettre la réponse au même endroit.

— Voyez-vous, Rosa, c'est une plaisanterie entre moi et mon médecin. Nous nous amusons à des jeux innocents ; mais mon mari doit tout ignorer, parce qu'il est jaloux de son ombre.

Rosa rassura madame Husson et partit avec le premier billet doux, sans se mettre l'esprit à la torture.

Quand elle fut devant le médecin, elle prit lestement la lettre à son corsage et la lui remit avec son gai sourire, mais pas du tout d'un air mystérieux.

Le médecin lut la lettre, qui lui parut plus éloquente que de coutume : elle était toute parfumée à la jeunesse de la Champenoise ! Il répondit par un mot au même diapason.

— Et maintenant, dit-il en s'approchant de Rosa, je vais confier la lettre à la même petite poste.

— Chut ! dit la femme de chambre, vous n'avez pas la clef !

Elle mit elle-même la lettre dans son sein.

Cette comédie fut jouée une vingtaine de fois, mais voilà qu'un jour le mari rencontre Rosa dans le jardin à la nuit tombante. Sa femme était en visite dans le voisinage, la femme de chambre revenait de Paris, elle cueillait des roses pour la table en attendant sa maîtresse.

Le mari l'aborda par cette galanterie toute champenoise :

— De toutes ces roses-là, je sais quelle est la plus belle.

Rosa ne faisait pas de façons pour babiller.

— Ma foi, monsieur, je sais bien ce que vous voulez dire. Cette rose-là n'est pas plus chiffonnée que les autres.

— Il faudrait voir, dit M. Husson d'un air sceptique.

— Monsieur est comme saint Thomas.

— Oui. Et pourquoi n'en cueillez-vous pas une pour vous ?

— Pourquoi pas? Et, sans songer à mal, la femme de chambre mit une rose thé à son corsage.

— C'est mal planté, dit M. Husson.

Et, comme il se croyait bien caché par le massif, il voulut mieux planter la rose ; mais la Champenoise, qui n'y allait pas de main morte, lui dit comme à Aubigny-les-Vignes :

— A bas les pattes!

Le haut drapier n'admettait pas qu'une femme de chambre fît tant de façons avec lui — lui qui était fort bien accueilli dans les coulisses de quelques théâtres, — sans se rendre compte qu'il était reçu pour son argent.

Il continua la lutte. Rosa résista d'autant mieux qu'elle portait dans son corsage la lettre du médecin.

— Vous ne me ferez pas croire, dit M. Husson, que vous êtes un ange. Je suis sûr que, la nuit venue, vous êtes de meilleure composition avec votre amoureux.

— Un amoureux ! Il en verrait de rudes avec moi !

— Eh bien, voilà qui m'amuserait. Si vous voulez, Rosa, je vous enlève à ma femme.

M. Husson voulait d'abord ne faire qu'un doigt de cour à cette fille ; mais il pensa qu'après tout elle était plus jolie que toutes les demoiselles à la mode qui le ruinaient. Avec Rosa, il en serait quitte à bon marché : un mobilier en pur acajou, avec deux cents francs par mois pour l'entretenir princièrement.

— Non, non, monsieur, dit Rosa, ce n'est pas encore vous qui ferez la conquête de la Toison d'or.

— Oh ! oh ! oh ! si on voulait bien... ces cheveux blonds...

La femme de chambre continuait à cueillir des roses.

— Prenez garde, monsieur ; si madame revenait, elle croirait que c'est sérieux et elle me mettrait à la porte.

— Rosa, je vous jure que c'est sérieux.

Sur ce mot, le haut drapier voulut encore toucher à la rose thé, sous prétexte qu'elle allait tomber de sa tige. Il prit la Champenoise dans ses bras ; mais voilà que ce mari, qui était myope, aperçut, en y regardant de plus près, le bout de la lettre du médecin.

— Ah! ah! dit-il, j'ai tout deviné; il y a là un billet doux pour votre amoureux.

Rosa surprise ne fut pas embarrassée.

— Eh bien oui, monsieur, pour mon amoureux.

— Voilà donc pourquoi on est si vertueuse?

— C'est mon secret! Est-ce que je vais vous demander des nouvelles de vos amoureuses.

M. Husson voulut saisir le billet.

— Ah, par exemple, je veux savoir comment vous lui chantez cette chanson-là.

— Ouais! c'est une chanson que je lui chante à lui tout seul.

M. Husson, qui s'était embarqué dans une mauvaise affaire, voulut avoir le dernier mot : il brutalisa Rosa pour saisir la lettre.

Cette fois, elle devint sérieuse comme si elle jouait la tragédie.

— Monsieur, lui dit-elle, vous n'irez pas plus loin.

— J'irai jusqu'au bout.

Elle voulut ressaisir sa lettre, mais M. Husson tenait bon.

— Voilà qui doit être bien amusant.

— Oui, monsieur, car il y va de l'honneur d'une femme.

— Qu'est-ce que c'est que l'honneur d'une femme, au taux où cela est coté?

— En vérité, monsieur, on dirait que vous n'êtes pas marié.

— Oh! ma femme, c'est autre chose.

— Rendez-moi cette lettre ou je fais du bruit.

M. Husson jeta un regard rapide et jugea que sa femme n'était pas rentrée.

— Je ne demande à lire que la première ligne.

Rosa était devenue toute pâle.

— Monsieur, je vous jure que cette lettre n'est pas de moi, c'est de mon amant.

— Eh bien, ça m'est égal. Je veux voir si c'est un style d'antichambre ou d'écurie.

Rosa fut révoltée.

— Si c'était d'antichambre ou d'écurie, la lettre n'eût pas été où vous l'avez prise.

Chaque fois que M. Husson voulait entr'ouvrir la lettre, Rosa se précipitait pour la reprendre; mais elle eut beau lutter, il finit par lire les premières lignes:

Mon adorée, je ferai ce que tu voudras.

— Pardieu! je crois bien, dit M. Husson.

Il continua:

Si tu veux aller aux bains de mer.

— Diable, reprit le haut drapier, il ne vous refuse rien.

— N'est-ce pas? dit Rosa.

Elle parvint à déchirer la lettre.

— Voyez-vous, monsieur, vous en avez lu assez long comme ça. La vérité, c'est que mon amant m'offre une place pour aller aux bains de mer, où il ira lui-même.

Rosa croyait tout sauver; mais M. Husson, plus intrigué encore, voulut avoir le mot de l'énigme; il continua à lire sur le chiffon qui lui restait:

Je dirai à ton mari que l'air de la mer te fera du bien.

— Vous êtes donc mariée?

Rosa se mordait les lèvres.

— Est-ce qu'on sait jamais? je n'en sais plus rien moi-même.

Rosa espérait que M. Husson avait tout lu; mais il lui restait en main deux lignes terribles. Ce fut le coup de théâtre.

J'irai moi-même aux bains de mer; car tu sais bien, ma Virginie, que, sans tes beaux yeux bleus, je ne vois plus le ciel.

Ce fut un trait de lumière.

— Virginie! s'écria M. Husson, c'est une lettre pour ma femme.

— Mais, monsieur, il y a plusieurs feuilles au bois qui se ressemblent.

— Je vous dis que cette lettre est pour ma femme!

Le mari, qui jusque-là était si guilleret, prit une figure d'outre-tombe. Il se croyait si sûr de Virginie! Il faillit se trouver mal. Trahi dans sa maison! trahi après vingt ans de mariage!

— Ah! cette femme! dit-il en tombant assis sur un fauteuil de fer.

Il voulait la maudire, mais il sentit qu'il l'aimait plus que jamais. Que dis-je! il commençait à l'aimer.

Quand madame Husson rentra, Rosa avait décampé...

Que lui dit son mari? Ce n'est pas là notre histoire : nous ne voulions que raconter la première aventure de Rosa à Paris.

N'est-ce pas qu'il y a là une jolie comédie pour Henri Meilhac, sous ce titre : *la Petite Poste.*

VI

DAME DE COMPAGNIE D'UN DROLE DE CORPS

Un jour, Rosa, qui lisait les petites affiches du *Figaro*, pour y trouver fortune, s'écria :

— Voilà mon affaire !

M. V... désire une dame de compagnie qui ne sache rien faire. Il donnera les meilleures références.

Rosa ne comprenait pas bien, mais elle trouvait l'appel engageant.

Elle se présenta vaillamment chez M. V... qui n'était autre que Vivier — Vivier lui-même ! — cet artiste, comédien par excellence, qui a son théâtre partout.

Elle sonna. Par hasard, Vivier était là, Vivier qui n'est jamais chez lui. Il se mit à rire.

— Il n'y a pas de quoi rire, dit Rosa très sérieuse.

— Oh! ne faites pas attention; moi, je ris toujours. Hier, par exemple, je me suis donné la mort, j'ai été le premier à en rire.

Rosa avait assez d'esprit pour comprendre que Vivier n'était pas un fou, mais un haut comique. Aussi daigna-t-elle sourire.

— Vous venez pour être ma dame de compagnie?

— Comme vous dites.

— Avez-vous été aux renseignements?

— Non, je viens de confiance.

— A la bonne heure, vous êtes une belle et bonne pâte de fille. Vous pouvez entrer en fonctions.

— Qu'est-ce que j'aurai à faire?

— Rien.

Rosa réfléchit.

— C'est beaucoup, ce que vous me demandez là.

— Oh! ne vous offensez pas! Quand je dis « rien », c'est rien — moins que rien. — Dame de compagnie!

— Je suppose que ce n'est pas pour aller dans le monde!

— Non, car on vous enlèverait. C'est pour rester ci, bon jeu, bon argent.

— Combien me donnerez-vous par mois?

— Je ne compte jamais.

Rosa regarda autour d'elle avec inquiétude. Était-elle chez un prodigue ou chez un avare?

— Je ne vois qu'un cor ici.

— Oui, mais c'est un drôle de cor. Je n'ai qu'à souffler dedans pour en faire sortir des louis d'or. Regardez plutôt.

Vivier se mit à jouer du cor, comme un grand artiste qu'il est. Rose, d'abord surprise, tomba bientôt sous le charme.

— Il est charmant, cet original. Mais je crois qu'il se moque de moi.

Quand Vivier eut fini sa sérénade, Rose lui dit :

— C'est très joli; mais je crois que vous vous moquez de moi.

— Et moi aussi, dit gaiement Vivier.

— Eh bien, sans rancune. Je m'en vais.

— Pas du tout. Je suis sérieux. Je veux une dame de compagnie, parce que mon cor s'ennuie quand il est tout seul. D'ailleurs, je ne joue bien que s'il y a une femme. Il me faut un public.

Rosa retombait dans ses inquiétudes.

— Mais votre cuisinière?

— Pour qui me prenez-vous? Je n'ai jamais dîné chez moi.

— Où dînez-vous?

— Chez les grands de ce monde.

— Eh bien, et moi?

— Vous? ma foi vous dînerez où il vous plaira. Voilà un napoléon. Avez-vous connu Napoléon?

— Non.

— Eh bien, regardez : le voilà.

Vivier s'était en un clin d'œil métamorphosé en empereur.

— Je comprends, dit Rosa. C'est un comédien qui s'amuse. Mais je ne veux pas être venue pour rien.

Et, se retournant vers Vivier :

— Voulez-vous me montrer ma chambre?

— C'est la mienne. Ne rougissez pas, jeune rosière, car je passe toutes mes nuits dans le monde ; seulement, n'empêchez pas le bœuf de dormir.

— Le bœuf! Qu'est-ce que c'est que cela ?

Vivier passa sur le balcon et montra à Rosa un bœuf au râtelier.

— Un bœuf au cinquième étage !

Ce bœuf était un jeune veau familier que Vivier dressait aux belles manières.

Rosa levait les bras au ciel.

— Comment est-il monté ici, celui-là ?

— Dans mes bras; Dieu merci, il n'y a pas d'ascenseur ici.

Rosa avait déjà rencontré des gens si bêtes à Paris que la gaieté de Vivier lui donnait un bouquet de vin de champagne.

Elle n'était pas là depuis un quart d'heure, que l'artiste rieur avait déjà décampé.

Il ne rentra que le lendemain vers midi.

— Je suis une singulière dame de compagnie, lui dit-elle. Je ne tiens compagnie qu'à votre veau.

— N'allez-vous pas mal parler de mon bœuf en herbe!

— C'est un veau, voilà tout.

— Si je n'avais cette bonne bête, il me faudrait comme à tout le monde un chien ou un chat.

— Pourquoi pas un cochon, comme saint Antoine?

— J'aime mieux un veau, parce que, si j'ai envie de tuer le veau gras...

Le veau était fort joli, d'un blond hasardé comme les courtisanes à la mode. Il aimait bien son maître, aussi le léchait-il comme un chien.

— Est-ce qu'il vous a ennuyée?

— Beaucoup.

— Eh bien, mangez-le.

— Il m'a mangée de caresses.

— Rassurez-vous. Nous allons faire un tour à la campagne, sans l'emmener avec nous. Savez-vous nager?

— Quand il pleut.

— Eh bien, vous me tiendrez compagnie du haut du pont de Neuilly. Vous allez voir comme je nage bien entre deux sots.

On part, on rit, on arrive au pont de Neuilly.

— Tenez-vous là, mademoiselle Rosa. Pour moi, je passe sur la rive. Si je me noie, pas un mot.

Rosa effarée veut retenir Vivier, mais il est déjà loin. Elle court après lui ; mais elle le perd de vue dans les arbres. Elle ne le revoit qu'au milieu de la Seine.

Tout à coup, il perd pied.

Un nageur, dont c'est le métier, se précipite et le ramène tout doucement sur la rive. Mais Vivier, qui joue les vivants, joue aussi les morts à s'y méprendre.

Le cri d'alarme est jeté, on s'empresse de fouiller les papiers pour savoir le nom du citoyen que la France vient de perdre si tragiquement. On ne trouve qu'un billet ainsi conçu :

« Monsieur,

» Vous voulez savoir ce que je suis ; je suis bien

» touché de l'intérêt que vous me portez. Soyez
» assez bon pour voir dans mon chapeau.

» ***. »

Autre billet dans le chapeau.

« Monsieur,

» Vous êtes bien décidé à savoir qui je suis ? Je
» n'en sais rien moi-même. Toutefois, voyez dans
» mes bottes. J'ai l'honneur d'être, monsieur, avec
» la plus haute considération, votre très obéissant
» serviteur.

» ***. »

Enfin, dans les bottes, on trouve un troisième billet ainsi conçu :

« Monsieur,

» Vous êtes bien bon de vous livrer à toutes
» ces recherches avec un pareil dévouement.
» Sachez donc ce que je suis... Je suis... mort.

» ***. »

Et tous les curieux de se mettre à rire, et le mort de rire plus haut que les autres, ce qui faillit les faire mourir de peur.

Rosa trouva que Vivier était, comme on le disait, un très joli mystificateur ; mais elle jugea qu'il lui donnerait trop d'émotions.

— Adieu, monsieur, lui dit-elle.

— Pourquoi adieu ?

— Adieu, parce que je veux gagner mon argent.

— Mais vous le gagneriez si aisément chez moi ! ainsi je pars ce soir pour six semaines.

— Avec moi ?

— Pas du tout.

— Oh ! mais, quand je fais tant que d'être dame de compagnie, c'est pour tenir compagnie. Que voulez-vous que je fasse toute seule chez vous ?

— Et le bœuf ? Songez donc qu'il s'habitue à vous. Et puis ma chambre va tant s'ennuyer pendant mon absence.

— Je ne dis pas non. Mais je ne veux pas être payée pour rien !

— Donnez-moi au moins les huit jours.

Ce fut le dernier mot de Vivier.

Rosa s'en alla le soir même, mais tout en restant bon camarade avec lui.

— Quel dommage, disait-elle, que cet homme-là ne soit pas forgeron ! Je crois que je l'aimerais encore mieux que Pierre Lemaître.

VII

LA MISÈRE NOIRE

Dans notre siècle démocratique, nous n'avons plus sous la main les Dorines et les Martines de Molière, non plus que les Martons et les Lisettes de Marivaux ; nous avons mis un grand mur de la Chine entre la salle à manger et la cuisine, entre le salon et l'antichambre. Toutefois, il est encore plus d'une maison où l'on daigne écouter la cuisinière et la femme de chambre quand on reconnaît en elles quelque chose de la servante de Molière et de la soubrette de Marivaux : cette servante de Molière, qui parlait si haut au nom de la raison ; cette soubrette de Marivaux qui avait de l'esprit à en revendre à ses maîtres.

On ferait encore aujourd'hui une belle comédie, avec tout l'esprit perdu des Dorines et des Lisettes. — La Dorine de *Tartuffe*, qui peint des caractères comme la Bruyère avec une touche non moins fine, mais plus franche. — La Lisette du *Jeu de l'amour et du hasard*, qui commence son rôle, en disant que le non n'est pas naturel. — Lisette est de la nature des femmes deux fois femmes qui ne disent jamais ni non ni oui. Elles vous conduisent par tous les sentiers perdus de l'amour pour vous empêcher de prendre le vrai chemin.

Rosa avait un peu de la Dorine et de la Lisette, franche, presque brutale, mais malicieuse comme le diable. Elle répandait par sa gaieté ouverte une saveur toute primitive; mais, au moment où on allait juger que c'était une simple Champenoise, on s'apercevait, par l'esprit de son regard, qu'il y avait dans ces yeux-là toute la science et toute la rouerie des filles d'Ève.

Aussi à peine était-elle entrée dans une maison, qu'elle avait conquis tout le monde, la femme avant le mari, ce qui était le comble de la conquête.

On pouvait s'étonner qu'une fille de cette valeur se soumît au petit bonnet et au tablier blanc. C'est qu'elle ne voulait pas mourir de faim avec une aiguille laborieuse comme tant de pauvres filles qui donnent leur jeunesse dans les magasins de Paris. Rosa était gourmande, elle aimait mieux la cuisine d'une bonne maison que celle d'une mauvaise boutique. La domesticité ne l'humiliait pas, parce qu'elle se trouvait partout chez elle.

Peut-être aussi que Rosa qui était curieuse, qui avait des aspirations vers le beau monde, se trouvait ainsi mieux placée pour être au spectacle de la comédie humaine.

Après avoir passé vite dans quelques mauvaises maisons, Rosa, qui se retenait de toutes ses forces à la vertu, tomba peu à peu dans la misère noire.

Et puis il avait bien fallu mettre au monde la fille du forgeron.

Après ses couches, ce fut en vain que Rosa frappa alors à beaucoup de portes pour retrouver une place de femme de chambre ; on lui disait :

— Ce n'est pas la saison.

Par malheur, c'est toujours la saison de la faim.

Elle travailla « en chambre », comme on dit, pour les magasins de nouveautés. Mais quelle est la femme qui résiste à ce labeur surhumain et qui vous donne tout juste de quoi ne pas vivre et ne pas mourir.

Elle ne pensait qu'à sa fille. La reverrait-elle ?

La nourrice de la petite Rosa serait-elle une seconde mère ou une marâtre?

Ce fut en ce temps-là que, dans le sixième étage de la rue de Longchamps où perchent les derniers chiffonniers du Clos-Nitot, elle fit la connaissance d'une autre pauvre créature mariée légitimement à un menuisier qui l'avait abandonnée.

Ces deux femmes, c'était misère et compagnie.

Rosa riait toujours; mais l'autre pleurait toujours, jusqu'au moment où, de guerre lasse, elle écouta les chansons d'un petit chef de rayon du *Bon-Marché*.

Je retrouve ici la fin de ce chapitre dans des notes prises au lit de mort de la pauvre femme par un ami, un chercheur, un philosophe qui me les a données parce qu'il n'aime pas l'encre d'imprimerie. On verra là que, si Rosa traversait les gaietés de la vie parisienne, elle en traversait aussi les drames.

« Hier, mon médecin est venu me prendre pour me montrer un horrible et touchant tableau de la vie parisienne. Je pourrais dire un tableau vivant, si ce n'était le tableau d'une morte! Nous sommes allés rue de Longchamps, près de cet ancien Clos-Nitot, où le duc de Montpensier a aujourd'hui son hôtel et où, il y a vingt ans, toute une république de gueux avait pris droit de cité. C'était la misère en action.

» On a beau chasser ces pauvres gens, il en reste encore quelques familles dans les alentours. C'est ainsi que mon médecin m'a conduit dans une masure curieuse, où s'étageaient trois familles sans pain. C'était la désolation des désolations. On aurait voulu, en voyant là cinq ou six enfants dépenaillés, déchirer un manteau en deux comme le glorieux saint Martin.

» A ce propos, n'aurait-on pas mieux fait d'élever à saint Martin l'arc de triomphe de la porte Saint-Martin plutôt qu'à Louis XIV?

» Au troisième étage, dans une petite chambre aux murs nus, sur une paillasse à carreaux bleus et blancs, je vis du premier coup une jeune femme à peine habillée, qui était morte une heure auparavant. Elle était fort belle dans sa pâleur, ses grands cheveux noirs lui voilaient le sein. Un vague sourire errait sur ses lèvres.

» La mort est donc toujours douce, même à ceux qui se tuent?

» Un fourneau à peine éteint témoignait, au chevet du grabat, que la jeune femme avait voulu mourir. Pour plus de sûreté, elle avait attaché sa robe devant la fenêtre pour remplacer deux vitres brisées. Une lettre sur la cheminée indiquait les dernières pensées de la pauvre créature. Voici la lettre :

« Mon cher Léon, si tu reviens à Paris, et si tu
» sais que j'ai voulu mourir, cette lettre te dira
» pourquoi je suis morte. Tu m'as abandonnée pour
» suivre cette fille qui a été notre malheur. Je
» croyais que tu m'avais tout à fait oubliée, et je
» me suis oubliée moi-même. Mais l'homme que
» j'ai pris a été ma punition ; ce n'est pas ma faute :
» j'étais sans ressources et je ne gagnais, en travail-
» lant pour le *Bon-Marché*, que vingt à vingt-cinq
» sous par jour ; à peine de quoi payer ma chambre.
» Je pensais toujours à toi et je ne vivais que dans
» les larmes. Ta lettre m'est arrivée ; ç'a été comme
» un coup de poignard. Quoi ! tu m'aimes toujours
» et je t'ai trahi !... Je ne suis plus digne du ma-
» riage, et je me fais justice...

» Quand on te dira que je suis morte, tu me par-
» donneras.

» J'ai allumé mon réchaud, la tête me tourne,
» je vais me coucher en priant Dieu pour toi. Ah !
» si tes... »

» Point de signature.

» La malheureuse femme n'avait eu que le temps de retomber sur ce lit misérable où nous la trouvions. Une des femmes de la maison nous traduisit tous les sentiments de la lettre, voici ce qui s'était passé :

« Son mari, un menuisier de Grenelle, l'avait abandonnée après six mois de mariage, quoiqu'ils se fussent bien aimés. Il était parti avec une servante d'auberge qui voulait fonder une brasserie en Flandre. La femme désespérée avait fini par croire qu'on se console de l'amour par l'amour. Elle se donna, tout en gardant son cœur, à un commis du *Bon-Marché* qui lui donnait un peu de travail. Mais voilà qu'un jour elle reçoit une lettre du menuisier, une lettre de repentir où cet homme l'appelait : « Ma chère petite femme », et où il lui annonçait son retour pour le lendemain.

» La lettre du mari était aussi sur la cheminée. Voici le dernier alinéa :

« Ah ! ma chère petite femme, je ne sais où
» j'avais les yeux, car il n'y a que toi pour la
» beauté et la bonté. Tu vas voir comme je vais être
» gentil pour te faire oublier ma tromperie. Que
» veux-tu faire ! J'avais connu cette fille avant toi;
» mais c'est bien fini ! D'ailleurs, c'est une coquine,
» et, toi, tu es une honnête femme.

» Aussi, maintenant, si je fais le lundi, ce sera
» avec toi. J'ai travaillé ici dans un château et je te

» rapporte quelques sous, de quoi payer ton terme
» et t'acheter une robe. »

» — La pauvre femme ! s'écria la jeune ouvrière qui nous parlait — et qui s'appelait mademoiselle Rosa, — elle n'a pas besoin de payer son terme. Et sa dernière robe, c'est un linceul, et c'est moi qui lui donnerai cette robe-là.

» Et cette fille développa un drap qu'elle venait d'apporter.

» — Voyez-vous, messieurs, reprit-elle, quand elle a vu par cette lettre-là que son mari la croyait encore sage, elle s'est mise à pleurer toutes ses larmes. Son désespoir a été si grand, qu'elle a voulu mourir. Nous avons eu beau lui dire qu'elle était folle, elle a allumé le charbon après nous avoir promis d'attendre son mari. Il n'y aurait pas beaucoup de femmes sur la terre si elles étaient toutes comme celle-là.

» La jeune ouvrière avait raison. Aussi je ne doute pas que saint Pierre, à la porte du Paradis, ne lui ait ouvert la porte toute grande, puisqu'un tel repentir doit être une rédemption.

» Je regardais toujours la pauvre femme pendant que le médecin la soulevait pour constater la mort ; elle semblait dormir avec ses grands yeux bleus entr'ouverts et sa bouche demi-souriante qui montrait d'admirables dents. Certes cette femme était une beauté, et, à Paris, la beauté est un capital ; elle aurait pu rouler carrosse. Elle a mieux aimé s'ensevelir dans sa jeunesse, et fermer sur elle ces ailes blanches que, selon la légende, toute créature aimée de Dieu cache sous sa robe.

» Cet abandon de la femme est une histoire de tous les jours ; cette misère de celles qui travaillent et qui ne trouvent pas de travail, ce stoïcisme dans le dénûment devrait, une fois pour toutes, ouvrir les yeux des législateurs qui se croient des philanthropes. A Londres, au moins, il y a un refuge pour toutes celles qui n'ont ni pain ni ouvrage. Mais, à Paris, le seul refuge, c'est le vice ou la Morgue !

» Toute vertu échoue à ces deux écueils : tuer son âme ou tuer son corps.

» — Après tout, murmura la jeune ouvrière, en prenant les mains de la morte, la pauvre femme est bienheureuse, mais moi...

» Elle ne disait pas cela pour être entendue.

» — Vous, lui dis-je, vous n'avez pas un mari qui va revenir et qui ne vous trouvera plus.

» — Qui sait ? répondit-elle. Je ne suis pas mariée, mais c'est tout comme. Et je n'en suis pas plus riche pour cela.

4.

» Le médecin la regarda d'un œil américain.

» — Où la vertu va-t-elle se nicher, se dit-il ; car si cette fille voulait, elle n'a pas une figure à rester là.

» — Oui, dit-elle, je le sais bien, chacune a sa fierté. On m'y a prise une première fois, je ne m'y laisserai pas prendre une seconde fois.

» — Vous avez peut-être raison. J'en connais qui font le diable à quatre et qui ne sont pas plus riches pour cela.

» Le médecin prit un louis dans sa poche.

» — Tenez, ma chère enfant, puisque vous soignez si bien cette morte, prenez ceci.

» — Moi ? jamais ! dit la jeune ouvrière. Je ne soigne pas mon amie pour de l'argent.

» — Cela ne fait rien. Prenez toujours. Ça me coûte si peu. C'est le prix d'une visite.

» — Ce n'est pas dans ce quartier-ci.

» Le médecin avoua que, chaque fois qu'il allait soigner des malades par là, ce n'était pas le malade qui payait le médecin, mais le médecin qui payait le malade. »

VIII

PAUVRE MÈRE, PAUVRE ENFANT

Rosa était allée à Paris pour cacher sa faute. Les paysans ne sont pas doux au péché. Quand une pauvre fille a sauté le pas, elle est soumise à tous les charivaris des matrones et des enfants. Si elle n'écoutait que la rumeur publique, elle irait se jeter à l'eau. Pas une voix qui la console. C'est une réprouvée. Son péché est sans miséricorde, puisque, si elle va à confesse, le curé ne lui donnera pas l'absolution.

Le fantôme de l'infanticide s'agite tout autour d'elle, mais le sentiment de la maternité la préserve.

Son enfant vivra parce que c'est la loi de la nature, parce qu'il faut peupler la patrie, parce que Dieu lui-même est bon prince pour les enfants naturels. Là où le père disparaît, Dieu se montre.

L'opinion publique frappe à tort et à travers au lieu de frapper le coupable. Le coupable, ce n'est pas elle, c'est lui. Lui qui a chanté la chanson de l'amour et du mariage, lui qui a désarmé la vertu par ses promesses, lui qui, le lendemain, a ri de larmes à elle !

Aussi, chaque fois que la pauvre fille séduite a frappé son ennemi, on lui a donné raison. Faut-il donc la condamner de si haut quand elle se cache en silence ?

A quoi bon la frapper de réprobation, puisque cette réprobation n'empêchera pas les autres de tomber comme elle ?

Il serait bien plus juste de condamner l'amoureux, sinon à épouser l'amoureuse, du moins à reconnaître l'enfant ; s'il prenait ainsi sa part de la faute, l'amoureuse abandonnée trouverait autour d'elle des sympathies pour la consoler.

N'est-ce donc pas une rédemption que d'être mère ? quoi de plus beau que ce sacrifice de toutes les heures ? la mère donne tout à son enfant, non seulement les forces vives de son corps, les illusions de son âme, mais aussi toute la fleur de sa beauté ; elle se moissonne à toute heure du jour et de la nuit; elle va même jusqu'à manger son blé en herbe pour que son enfant ne pleure pas.

Quand Rosa accoucha, elle jura de vivre pour son enfant, dût-elle mourir à la peine.

Ce fut pour elle une vraie joie de mettre au monde une petite fille qui serait encore elle, qui lui parlerait bientôt, qui lui sourirait gaiement. Mais elle était alors dans une si profonde misère qu'elle désespéra de voir sourire sa petite Rosette.

— Ah! s'écria-t-elle, que les mères qui ont du pain sont heureuses!

Nul ne vint au secours de cette bonne volonté. Le lait s'épuisa vite. Le froid et la faim pâlirent la mère et menacèrent l'enfant.

Pas une amie! La charité elle-même ne passait point par là.

Quand Rosa sentit qu'elle n'avait plus que des larmes à donner à sa fille, elle voulut mourir avec elle; mais avait-elle le droit de tuer son enfant? Pas plus que de la laisser mourir de faim. Que faire? Mettre Rosette aux Enfants-Trouvés? Hélas! non-seulement les enfants trouvés ne se retrouvent pas, mais ils meurent comme sur un champ de bataille.

Rosa aima mieux envoyer sa petite fille à Aubigny-les-Vignes; c'était l'air du pays, on avait malmené la mère, mais tout le monde aimerait l'enfant.

Voilà pourquoi Rosa donna un jour sa fille à une payse qui retournait là-bas, en lui disant de la bien recommander à sa grand'mère et à son père, parce qu'elle croyait ne pas survivre longtemps à toutes ses misères.

Il y a beaucoup de jolies filles qui n'ont qu'à se montrer, en arrivant à Paris, pour faire fortune. Mais il était écrit là-haut que Rosa trouverait à Paris l'enfer avant le paradis.

Quand on voit passer souriante aux Champs-Élysées ou quand on voit rire dans une avant-scène une de ces créatures tapageuses et provocantes qui font le désespoir des mères de famille, on ne sait pas tout ce qu'elles ont traversé de misères avant d'avoir, pour quelques jours, leur place au soleil de Paris. Tant pis pour elles! dit la chanson. Bien peu de ces demoiselles ont sauté l'abîme à pieds joints pour tomber comme une comète sur la scène du monde ou plutôt du demi-monde. Une femme d'esprit disait à une comédienne qui voulait lui faire sa confession : « Non, non, je vous en supplie, ne m'ouvrez pas l'enfer de votre cœur: j'ai bien assez de mon purgatoire. »

IX

ROSETTE

Il s'était passé près d'une année sans qu'on reçût des nouvelles de Rosa à Aubigny-les-Vignes. C'est qu'elle n'avait rien de bon à dire là-bas.

Un jour, une petite fille, qui n'avait pas six mois, fut remise mystérieusement à la mère du forgeron.

Rosa avait voulu allaiter son enfant. Mais cette joie lui fut refusée. Pas de pain, pas de lait. La misère et le chagrin — le chagrin surtout, — avait tari les sources.

Lorsque, dans son désespoir, Rosa confia sa fille à une amie qui allait faire un tour à Aubigny :

— Vous la remettrez à son père, dit-elle à cette femme; vous lui direz que je meurs de chagrin, mais que j'aime mieux mourir que de retourner là-bas. S'il a du cœur, il ne laissera pas mourir sa fille.

Cet adieu avait été un déchirement pour Rosa. Elle survécut pourtant, mais ce ne fut pas sans traverser une rude maladie. Ce qui fit répandre le bruit là-bas qu'elle était morte.

Par contre-coup, sa fille avait été si malade à son arrivée à Aubigny, qu'on la laissa un jour pour morte dans son berceau ; si bien que la payse à son retour à Paris dit à Rosa :

— Ah! ma pauvre amie, votre petite fille est bien heureuse ; car Dieu lui a fait une belle grâce.

— Ma fille est morte! s'écria Rosa ; je suis donc maudite.

Et elle éclata en sanglots.

— Que voulez-vous! vous ne l'aviez pas désirée.

— Pourquoi Dieu me l'a-t-il reprise, puisqu'il me l'avait donnée ?

Rosa jura qu'elle ne reverrait jamais le pays où elle avait eu une mauvaise mère, où elle avait envoyé sa fille pour y mourir.

— Vous aurez bien raison, lui dit sa payse ; car votre sœur en a fait de belles là-bas : elle a ruiné le notaire en lui portant malheur. Ce misérable a fait un faux ; on vient de le condamner aux travaux forcés. Ce qui n'empêche pas votre coquine de sœur de se pavaner à Reims comme si de rien n'était..

— Elle n'a donc pas de cœur? dit Rosa en s'indignant. Et Orphise?

— Orphise! vous ne savez pas qu'elle a décampé comme vous? Mais personne n'a de ses nouvelles. On dit qu'elle roule carrosse.

— Quoi! elle ne m'a pas écrit?

— Sait-elle où vous êtes?

— Oh! mon Dieu, non. C'est bien naturel que tout le monde m'ait oubliée, je me suis tant oubliée moi-même.

La payse tenta de donner du courage à Rosa.

— Voyez-vous, ma chère amie, moi, je ne roule pas carrosse, puisque je suis la femme d'un charpentier qui fait trois fois le lundi par semaine; mais je travaille pour deux, ce qui ne m'empêche pas de chanter en travaillant.

Et, avec un sourire:

— Il ne faut jamais jeter le manche après la cognée, comme je dis à mon mari.

— C'était aussi un mot du forgeron.

Rosa ne jeta pas le manche après la cognée.

Elle était si confuse et si humiliée des mauvais jours de sa vie, qu'elle voulut vivre oubliée de tous ceux qui l'avaient connue.

Aussi se garda-t-elle d'écrire à Aubigny-les-

Vignés, même pour avoir des nouvelles de ses deux sœurs. Cécile et Orphise l'avaient abandonnée, pourquoi s'inquiéterait-elle de ses deux sœurs ? Elle aurait bien voulu aller prier au cimetière sur la fosse de cette pauvre petite fille qu'elle croyait morte ; mais elle ne voulait pas se donner en spectacle.

Il ne se passait pas de semaine qu'elle n'entrât dans une église de Paris, les yeux pleins de larmes.

X

LE MÉTIER DE PÈRE

On s'était trompé de porte : ce fut à la cabaretière qu'on remit Rosette. En voyant ses cheveux d'un blond hasardé, elle s'écria : « C'est la fille de Rosa ! »

La pauvre petite Rosette passa plus d'un mauvais quart d'heure chez sa grand'mère, qui, dans la même journée, la mangeait de caresses et la fouettait à tour de bras, selon qu'elle avait le vin bon ou méchant. Quand cette mégère était dans ses fureurs, rien n'arrêtait sa main. La fille de Rosa avait beau pleurer en lui souriant, la marâtre épuisait sa colère. Plus d'une fois les voisines étaient survenues qui lui avaient pris l'enfant pour le sauvegarder ; mais c'était encore Rosette qui payait les réprimandes des voisines.

— Il faut corriger les enfants, disait madame Moustier.

— Oui, oui, parlez-moi de cela, répliquait une des voisines, voilà pourquoi vos trois filles vous ont plantée-là.

Plus d'une fois Pierre Lemaître était intervenu, non pas en parlant haut, parce qu'il savait ses torts, mais avec des larmes dans la voix.

— Donnez-moi Rosette, disait-il, je ne la battrai pas, moi.

— Tais-toi, monstre! répondait la cabaretière. C'est toi qui es cause de tous nos malheurs. J'aimerais mieux jeter Rosette dans le puits que de la voir chez toi.

La petite fille tendait les bras au forgeron, parce que la douceur va toujours à la bonté. Mais madame Moustier se jetait entre les deux en criant que c'était bien assez d'avoir perdu la mère, sans toucher à la fille.

Il arrivait çà et là que Rosette, traversant Aubigny-les-Vignes avec des enfants, était happée par le forgeron.

C'étaient des caresses à n'en plus finir. Il adoucissait sa voix trop rude pour lui parler. Il lui donnait des bonbons et des bouquets. A chaque voyage à Reims, il lui rapportait une poupée ;

mais il avait bien soin de la faire donner par des habitués du cabaret.

On commençait à crier tout haut dans le village les méchancetés de la cabaretière. La pauvre petite n'avait le droit ni de rire ni de pleurer. Un jour, Rosette fut enfermée dans l'étable, où elle passa la nuit malgré ses cris perçants. C'est que la cabaretière était soûle. Comme de coutume, elle oublia l'enfant dans l'étable. Le lendemain, ce fut le pâtre qui, allant chercher la vache, trouva la pauvre petite nichée dans la paille, à moitié folle de peur.

Comme cet homme parlait un peu haut devant la cabaretière, elle lui dit :

— Tant pis ! il faut qu'elle paye pour sa mère et ses tantes.

— C'est-y parler, ça ! s'écria le pâtre. Prenez garde, j'ai bien envie de vous assommer comme une vache.

Sur quoi, madame Moustier s'était jetée griffes en avant sur le pâtre pour lui arracher les yeux.

Et, comme la pauvre petite, toute pâle de sa mauvaise nuit, se mit à pleurer, la cabaretière affolée but une chopine et la lui cassa sur la tête.

Cette fois, ce fut une vraie bataille entre le pâtre et madame Moustier.

Rosette, tout ensanglantée, s'enfuit de la mai=

son par la porte ouverte. Où aller ? Elle pensa à son ami Pierre Lemaître. Elle courut à la forge.

Quand cet homme vit son enfant toute couverte de sang et tout épouvantée, il la prit dans ses bras ; mais tout à coup cet homme, qui représentait la force, se sentit défaillir et s'évanouit comme une petite-maîtresse.

Rosette, le voyant si pâle, l'embrassa comme pour le rappeler à lui. Il rouvrit les yeux et se mit à pleurer.

— C'est fini, dit-il, je te jure, ma petite Rosette, je te jure par Dieu et par ta mère que nous ne nous quitterons plus.

— Oh ! quel bonheur ! bégaya Rosette ; car c'était à peine si elle parlait.

La cabaretière montra bientôt sa tête de furie à la fenêtre de la forge.

Le forgeron était occupé à laver le sang sur le front et sur la joue de Rosette. Sa main rude y allait avec toute la douceur maternelle.

Rosette se tenait immobile en pensant sans doute que sa grand'mère ne s'y prenait pas si gentiment pour la laver le matin. Toute autre que la cabaretière eût été touchée de ce tableau. Mais elle n'en fut que plus furieuse.

— Attends, dit-elle, je vais vous laver tous les deux.

Cette fois, Pierre Lemaître se montra. Il alla droit à la cabaretière, la saisit à la gorge et se contenta de froncer le sourcil, pour lui montrer qui il était.

Madame Moustier lui demanda grâce ; car elle comprit qu'il pouvait la briser comme elle avait brisé la chopine sur la tête de sa petite-fille.

— Cette fille est à moi, dit-il d'une voix frappante. Je la tiens, je la garde. Ne vous avisez pas de venir rôder ici ; car, si vous ne connaissez pas vos colères, je connais les miennes.

La cabaretière, un peu dégrisée, dit qu'il n'était pas malheureux pour elle d'être délivrée de ce petit monstre.

— A la bonne heure, dit Pierre Lemaître calmé. C'est pour Rosette qu'il n'est pas malheureux d'être délivrée d'une pareille grand'mère.

Ce fut ainsi que la fille de Rosa passa du cabaret à la forge.

A partir de ce jour-là, la pauvre petite, qui en était revenue d'une belle, fut la plus heureuse enfant du monde. Le forgeron n'eut pas d'autre amour ni d'autre distraction. Il redevenait gamin pour jouer avec la gamine. A l'heure des repas, comme on était alors dans la saison des fruits, il juchait sa fille sur ses épaules et la conduisait dans son petit verger, au revers de la montagne. Quand on était devant un reine-claudier, un cerisier, un abricotier, il la soulevait dans ses bras pour qu'elle eût la joie de cueillir elle-même l'abricot, la reine-Claude ou la cerise. Et puis c'étaient des rires et des baisers. Il ramenait Rosette avec des boucles d'oreilles de cerises, avec des bouquets rustiques, avec une figure de fête.

Non seulement, dans tout Aubigny-les-Vignes, on lui pardonnait d'avoir enjôlé Rosa, mais on pardonnait même à Rosa d'avoir écouté les enjôleries du forgeron.

Tout le monde aspirait au jour où Rosa reparaîtrait, si elle n'était pas morte, pour retrouver sa fille et pour épouser Pierre Lemaître.

Mais ce jour-là n'était pas encore annoncé dans l'almanach.

En attendant, le forgeron tout en larmes disait à sa mère : « Aime-la bien, ma fille, c'est toute ma vie. Si elle meurt, je mourrai. »

La mère du forgeron éleva l'enfant avec l'amour de la mère et de la grand'mère. On la gâta, on la fit belle ; ce fut la coqueluche de tout Aubigny-les-Vignes.

— Sa mère reviendra, disait le forgeron.

Mais Rosa ne revenait pas.

XI

TABLEAUX DE LA VIE PARISIENNE.

Quand Rosa, dénuée de tout, se fut décidée à se faire encore femme de chambre, une riche bourgeoise, madame Despréaux, femme d'un chocolatier retiré des affaires, cherchait elle-même une fille pour la coiffer, l'habiller, repasser et tout ce qui concerne cette fonction délicate. Elle ne trouvait pas, parce qu'elle était en garde contre les bureaux de placements. Et puis, comme elle avait tenu quelque peu les livres chez son mari, elle passait pour bien compter : ce n'était pas l'affaire de ces demoiselles. C'était une femme de tête : on n'aime pas ça dans le service.

Ah! si on avait su que c'était aussi une femme de

cœur, c'est-à-dire une femme qui avait un amant!
Mais le secret était bien gardé.

Elle avait fini par trouver, couci-couci, une créature qui, suivant son expression, ferait bien son affaire ; mais cette créature était dévotieuse, elle lui écrivit un matin :

« Vu que madame est trop loin d'une église, et vu que je tiens surtout à mes devoirs religieux, j'aime mieux dire à madame que je viens de me placer rue Bossuet. »

Donc, madame Despréaux en était là, quand se présenta Rosa, sans autre recommandation que sa figure, si ce n'est une petite lettre d'une couturière qui avait occupé la Champenoise pendant quelque temps.

Mais, à peine entrée en fonctions, voilà que Rosa s'aperçoit que madame Despréaux n'était qu'une seconde édition de madame Virginie Husson.

— Singulier pays! dit-elle. Les filles n'ont pas d'amants comme chez nous; mais, en revanche, les femmes mariées ne s'en privent pas.

La Champenoise ne voulut pas recommencer le service de la petite poste. Elle chercha ailleurs.

La destinée conduisit Rosa à servir M. et madame Bonaventure.

XII

LE PORTRAIT DE ROSA.

« M. et madame Bonaventure, saluez ! »

C'était bien le plus heureux intérieur de Paris que celui de M. et madame Bonaventure.

Deux épousés, jeunes encore, qui avaient passé de la lune de miel au lunatique amour de l'art.

M. Bonaventure était poète, madame Bonaventure était pastelliste.

Qui leur avait donné ces aspirations vers l'immortalité ?

M. Bonaventure était un Parisien de l'île Saint-Louis ; son père, herboriste aux grandes visées, avait, à force de labeur, et en mettant un sou sur un sou, donné six mille livres de rente en dot à chacun de ses enfants, s'imaginant que tous ses enfants étaient riches.

Anatole Bonaventure le poète, celui que nous étudions, n'avait pas songé à devenir plus riche que cela, d'autant plus qu'à vingt et un ans, il avait épousé sa cousine Théodule Martinet, qui avait elle-même une dot de cent mille francs en obligations de chemins de fer, c'est-à-dire à peu près cinq mille livres de rente. Nés tous les deux dans le Marais, loin des splendeurs du luxe, ils s'étaient volontiers imaginé que onze mille livres de rente leur ouvraient des Californies inépuisables.

Une fois mariés, on avait meublé, dans le plus pur palissandre, un appartement de quinze cents francs, rue d'Assas, et on s'était dit : « Nous serons du faubourg Saint-Germain. »

Que faire dans cet horizon doré ? Être heureux. Mais le bonheur ne se suffit pas à lui-même. C'est un enfant gâté qui aime l'agitation.

Anatole, un soir qu'il revenait de l'Odéon, s'écria :

— Et moi aussi, je suis poète !

Dès le lendemain, il ébaucha quelques tragédies.

Théodule de son côté ne voulut pas être indigne d'un tel mari. Son père était marchand de papiers peints, elle avait pu étudier les « beaux-arts » sans sortir de la boutique : là, sur ce paravent

Watteau; ici, dans ces chinoiseries; plus loin, dans ces fleurs tropicales : toutes sortes de chefs-d'œuvre à faire pâlir les dieux de la peinture.

Théodule se reconnut une vocation; on lui avait parlé de la Rosalba, « le miracle des Grâces ».

On sait que, dans les arts, les plus belles aspirations, si elles ne sont contenues par une raison sévère, mènent tout droit à la folie. Voilà pourquoi, après avoir travaillé à côté l'un de l'autre pendant un an, Anatole Bonaventure et sa femme déshonoraient le papier et la toile. On n'avait jamais rimé de vers plus pompeusement ridicules; on n'avait jamais caricaturé la figure humaine avec plus de naïveté. Et voilà pourquoi tous les jours le mari disait à sa femme :

— Comme tu peins bien !

Et pourquoi la femme disait au mari :

— Oh mon poëte !

C'était une vraie comédie, quand, vers le soir, ils se donnaient des coups d'encensoir.

Mais c'était bien mieux encore quand ils appelaient le public à les juger.

Anatole avait dit à Théodule :

— Tu sais que Molière ne reconnaissait qu'un seul juge : sa servante.

Théodule avait dit à Anatole :

— C'était l'opinion de Rembrandt, qui prenait les yeux de sa cuisinière, pour mieux voir ses tableaux.

On décida que la cuisinière et la femme de chambre seraient appelées tous les jours pour écouter les vers et pour voir les pastels.

La femme de chambre avait quelques teintes de littérature : elle avait lu *Paul et Virginie* et *Rocambole*.

Vous voyez d'ici le spectacle. La dame, plus impatiente, appelait d'abord sa cuisinière.

— Marianne, qu'est-ce que vous dites de cela ?

Marianne soulevait son tablier et déclarait, sur son âme et conscience, que madame était la huitième merveille du monde. Par exemple, si elle peignait des fleurs :

— C'est beau comme des bouquets artificiels, disait Marianne.

Et, si elle jugeait des figures, elle s'écriait :

— Ne dirait-on pas que c'est peint par des fées ?

En effet, les figures étaient tout aussi artificielles que les fleurs.

Madame Bonaventure se hasarda à peindre un portrait. C'était le portrait de Rosa.

— Comme c'est ressemblant ! disait la cuisinière. Le nez est plus grand, la bouche est plus petite, les yeux ne sont pas de la même couleur, la joue me semble un peu trop rose, il faudrait brunir les cheveux ; mais, à cela près, c'est tout à fait mademoiselle Rosa. Voyez plutôt la robe, on s'y tromperait.

Et Marianne s'en allait mettre un peu de sel dans son ragoût, fière de passer à l'état de critique d'art.

Les discours de Rosa n'étaient pas moins drôles ; elle évoquait ses lectures et décidait hautement que les grands poètes n'avaient pas mieux frappé les alexandrins. Elle trouvait bien que monsieur manquait de gaieté dans sa comédie et de terreur dans sa tragédie ; mais, comme disait Théodule :

— Il n'y a que Jean Racine qui soit parfait.

Et elle ajoutait :

— Voilà pourquoi il m'ennuie.

Cependant, madame Bonaventure se hasarda à l'exposition : elle fut refusée. A l'Odéon, M. Bonaventure fut reçu. M. Bonaventure s'en consola ; mais madame Bonaventure fut toute une nuit sans dormir.

Aussi, le lendemain, la pauvre femme jura de se venger. Elle courut chez un peintre en renom qui avait dîné à côté d'elle chez un ami commun.

— Croiriez-vous qu'ils m'ont refusée !

— C'est impossible, vous êtes si jolie! moi, je vous accepte.

— Oh oui, donnez-moi des leçons.

— Avez-vous peint le nu?

Madame Bonaventure rougit.

— Non, mais j'ai regardé des statues.

— Mauvaise école, madame! Le marbre tue le peintre, témoin David, qui ne regardait que les antiques. Vous allez vous déshabiller et je vous donnerai une première leçon sur vous-même.

— Mais, monsieur, c'est impossible!

— Madame on est artiste ou on ne l'est pas. Il n'y a que les mijaurées ou les pimbêches qui s'offensent des nudités. Quand vous allez au bal, que cachez-vous? Moins que rien. Commençons par le commencement; pour aujourd'hui, ne me montrez que ce que vous montrez au bal. Vous vous regarderez dans cette glace; nous ferons chacun un dessin, le mien vous fera voir les fautes du vôtre. A bas le corsage!

Madame Bonaventure prit cela pour de l'argent comptant; elle fit bien quelques façons, mais enfin l'amour de l'art l'emporta. Elle avait les plus belles épaules et les plus beaux seins du monde, ce fut du moins l'opinion du jeune maître, qui avait appris à comparer.

— Voyez-vous, lui disait-il, il n'y a que la nature.

A la troisième leçon, madame Bonaventure savait faire une académie.

M. Bonaventure de son côté n'arriva pas vite — à l'Académie — dirait un joueur de mots. Il fut joué à l'Odéon, ce qui lui coûta dix mille francs. Encore s'il avait été sifflé ! Mais non : il fut joué et tomba dans un succès d'estime. C'était une comédie bourgeoise, toute pleine de bonnes intentions; celle qui jouait le rôle d'amoureuse dit à M. Bonaventure, le croyant un millionnaire :

— Mon cher, vous êtes trop simple; vous ne ferez une bonne comédie que si vous m'enlevez à mon amant. Votre femme peint d'après nature, il faut écrire pareillement d'après nature; il y a un enlèvement dans votre comédie qui n'enlève pas le parterre. Commencez par m'enlever, le théâtre est l'école des mœurs.

M. Bonaventure ne savait pas comment on enlève une femme; mais la comédienne avait appris cela au couvent, où ces demoiselles s'amusent à faire enlever leurs poupées. Elle mena l'enlèvement à bonne fin.

Et voilà comment M. et madame Bonaventure, qui s'adoraient, ne firent plus leur bonheur, parce qu'ils firent le bonheur d'une comédienne et d'un peintre. L'amour de l'art les conduisit à l'art de l'amour.

Rosa, trop fière pour jouer avec ces quatre personnages au jeu de cache-cache, fut mise à la porte avec son portrait qu'elle vendit trois francs cinquante centimes à un bric-à-brac.

— C'est égal, dit-elle, je ne perds pas mon temps, puisque j'apprends à connaître les mariages de Paris.

XIII

VOYAGE A ASNIÈRES

Rosa ne voulait pas servir les hommes. Depuis sa gaie aventure avec Vivier, elle refusait toutes les places de dame de compagnie que certains messieurs se donnent pour leur argent, quand ils ont peur des aventures bruyantes. Un jour pourtant elle se décida à cause des gages, — deux cents francs par mois, — à entrer au service d'un fils de famille qui venait d'hériter et qui voulait avoir une maison bien montée. Or la maison était si mal montée, que Rosa s'y trouva seule avec lui dans un mobilier de vieux parents de la plus belle époque du gouvernement de Juillet, c'est-à-dire de ces meubles sans style, pur acajou, démodé, avant d'être à la mode.

— Qu'est-ce que vous voulez que je fasse ici? dit Rosa qui s'ennuyait déjà.

— Vous avez raison, dit le jeune homme, qui n'avait jamais connu que les folies d'Asnières ; si nous faisions un petit voyage à Bougival, cela donnerait le temps au tapissier de me faire un intérieur digne de toi.

— Pourquoi pas ? dit Rosa ; allons à Bougival.

Le jeune homme, qui s'appelait M. Romanet, la décida sans trop de peine à s'habiller en vraie dame de compagnie, c'est-à-dire à se faire belle, ce qui n'était pas difficile.

Et les voilà partis pour ce voyage au long cours.

Le premier jour, on s'arrêta à Asnières ; le second jour, on aborda à la Grenouillière de Bougival. Ce furent des joies sans fin, Rosa montra la pointe de son pied dans un quadrille des plus hasardés, mais en tout bien tout honneur.

Le lendemain, elle demanda à ce jeune homme irréprochable combien il pouvait dépenser dans son voyage.

— Vingt-cinq mille francs, dit-il de l'air d'un monsieur qui ne marchande pas.

— Eh bien, dit Rosa, nous pouvons aller plus loin.

M. Romanet était trop heureux pour contredire Rosa : ils allèrent jusqu'à Versailles, où le jeune homme rencontra quelques amis à l'hôtel des Réservoirs. Il y avait des dames au souper. On joua. Rosa mit la main aux cartes : elle y trouva du plaisir, elle gagna dix-huit louis ; elle aurait voulu jouer tous les jours. Voilà pourquoi, au bout de la semaine, M. Romanet, qui n'avait songé qu'à un voyage à Bougival, se trouva avec Rosa à Monaco devant une table du trente et quarante.

Les vingt-cinq mille francs et les dix-huit louis de Rosa durèrent ce que durent les roses ; M. Romanet jugea qu'il n'avait pas assez de fortune pour avoir une dame de compagnie ; il répudia sa compagnonne d'aventures. Elle redevint tout simplement femme de chambre d'une grande cocotte en villégiature à la Condamine, qui la ramena à Paris.

XIV

NOUVEAUX TABLEAUX DE LA VIE PARISIENNE

Rosa passa de là chez un conseiller d'État qui ne recevait que des hommes politiques de la plus haute gravité. Elle se crut à l'abri, ne pouvant pas croire que M. de Cupidon viendrait montrer son nez retroussé dans une maison aussi austère.

Mais voilà qu'un soir un prince étranger vint dîner chez le conseiller d'État, sans doute pour prendre une leçon de politique. C'était un simple dîner qui devait se passer presque en tête-à-tête, presque en famille. Rosa servait à table, faute de valet de chambre. D'ailleurs, le conseiller d'État était dans la vérité, car les femmes servent mieux que les hommes.

Rosa n'avait qu'un tort, c'était d'être trop jolie. Aussi le prince, qui est un grand gourmand, ne perdait ni une bouchée ni un regard. Il mangeait Rosa des yeux et se demandait ce que pouvait faire là une figure si charmante.

Il aurait bien voulu qu'elle fût chez lui; mais, s'il était au courant des manœuvres galantes, ce n'était pas contre les femmes de chambre. Comme il n'était pas manchot, il ne douta pas toutefois d'enlever Rosa à son office.

Le soir, quand il prit son manteau, Rosa traversait l'antichambre.

— Mademoiselle, lui dit-il, vous avez là une figure qui pourrait servir avec avantage à quelques dames de ma connaissance.

— Je n'ai donc pas une tête à faire peur aux oiseaux, comme on dit dans mon pays.

— Comment donc! vous avez une tête à aller dans le monde, et, si vous voulez, je vous y conduirai.

— Oui, je veux bien, mais au mardi gras.

Le prince ne pouvait pas éterniser la conversation dans l'antichambre. Il n'avait pas peur de se compromettre; mais il avait peur de compromettre Rosa. Toutefois, il se hasarda à lui offrir sa carte.

— Qu'est-ce que vous voulez que je fasse de ça ? Je n'ai pas de plateau d'argent, moi.

— Prenez toujours, on ne sait pas ce qui peut arriver. Je suis bon prince.

Rosa prit la carte par pure civilité puérile et honnête.

Comme le prince sortait, le conseiller d'État, appelé par la conversation, demanda à Rosa ce que disait son convive.

— Ma foi, monsieur, il disait que vos vins étaient généreux; car il a perdu la tête.

Le lendemain, une de ces femmes, qui n'ont plus ni âge ni sexe, demanda mademoiselle Rosa et lui offrit de lui vendre des chemises, presque pour rien.

— Vous les avez donc volées ?

— Non, Dieu merci ! mais je suis l'amie de toutes les femmes de chambre pour avoir la pratique de leurs maîtresses.

L'action fut engagée; Rosa ne croyait pas faire grand mal en achetant cinquante sous des chemises qui valaient vingt francs.

— C'est qu'elles sont très jolies, vos chemises, disait-elle.

— Ma chère enfant, elles ne sont pas encore assez belles pour vous; si vous vouliez, je connais un grand seigneur qui vous mettrait dans la batiste.

Rosa pensa tout de suite au prince.

— En voilà un qui ne perd pas de temps !

Et, s'adressant à la marchande à la toilette :

— Dans la batiste, ce n'est pas assez pour moi ; si votre grand seigneur veut me mettre dans un contrat de mariage, il aura le droit de me donner des chemises.

— Un contrat de mariage ! ma chère enfant, songez que le papier timbré est cher, nous en reparlerons. Voulez-vous des chemises de nuit ?

La marchande à la toilette jeta sur Rosa un regard pénétrant pour bien juger à quelle espèce de vertu elle s'adressait.

Or, à cette question, Rosa riposta vertement par ce mot :

— Des chemises de nuit ! pour qui me prenez-vous ? J'ai des chemises de chanvre que j'ai filées moi-même.

C'est que, jusque-là, Rosa était restée une brave fille digne de son forgeron, digne de son enfant. Elle avait bien voulu rire un peu, mais tout en jurant de ne plus se laisser prendre. Cela lui paraissait d'autant plus facile que son cœur lui semblait imprenable. Mais pourquoi s'envola-t-elle de chez le conseiller d'État ?

XV

LES MÉTAMORPHOSES DE MADEMOISELLE ROSA.

Ce qui n'empêcha pas, le dimanche suivant, que la femme du conseiller d'État, qui était aux courses avec son mari dans une calèche de Brion, ne s'écriât tout d'un coup, dans l'avenue des Acacias :

— Ah! par exemple, celle-là est trop forte!

Pourquoi ce cri qui arracha son mari à ses méditations politiques ?

C'est qu'elle avait vu passer dans une très jolie victoria, marquée d'une couronne fermée, attelée à deux chevaux superbes que conduisait haut la main un cocher bien coiffé, accompagné d'un valet de pied bien cravaté, une jeune personne blonde comme les blés, air souriant, vêtue d'une robe blanc-crème, coiffée d'une chapeau idéal si bien perdu dans les cheveux que c'était une harmonie; deux solitaires scintillaient au soleil; mais les deux yeux de la dame étaient plus éclatants que les solitaires. En un mot, une princesse du jeu de l'amour, sortie des cartes du hasard comme une dame de carreau.

Tout le monde la regardait au passage.

La femme du conseiller d'État, pour répondre à son mari, qui l'interrogeait du regard à cause de son exclamation, lui dit :

— Je te le donne en mille ; sais-tu qui a osé me saluer au passage?

La dame était fière, le mari s'imagina que c'était quelque fournisseur de sa femme.

— Que veux-tu, ma chère amie! un chien regarde bien un évêque.

La dame se révolta.

— Tu ne veux pas comprendre! j'en rougis d'indignation ; sachez, monsieur, que celle qui a osé me saluer, c'est mademoiselle Rosa.

— Allons donc ! ce n'est pas possible.

— Comme je vous le dis. Elle était là nonchalamment étendue à côté du prince : en voilà un que je ne recevrai plus chez moi.

— Ni moi non plus.

La femme du conseiller d'État était jolie et coquette, il pensait vaguement qu'un prince qui enlevait la femme de chambre pouvait bien un jour penser à enlever la vraie femme.

— Ah! c'est bien la dernière fois, dit madame ***, que je prends une jolie fille pour femme de chambre. Au reste, elle n'était plus jolie du tout dans son accoutrement de femme galante.

Le conseiller d'État, qui avait pris la place d'un de ses amis, dit sentencieusement :

— Il faut que chacun soit à sa place.

XVI

DU HAUT EN BAS

Madame *** avait raison : Rosa, qui était si jolie en femme de chambre, avec sa robe à quarante centimes le mètre, avec son petit bonnet de mousseline qui valait bien trois francs, avec ses deux anneaux champenois aux oreilles, avec son tablier grand comme la main, avec son air mutin, son œil éveillé, sa bouche riante, était à croquer; tandis que, vêtue comme une fille, elle avait l'air d'une endimanchée.

C'est qu'il lui manquait ce que les filles à la mode n'acquièrent que peu à peu : la pâleur, l'attitude, l'air ennuyé, le regard à la fois mordant et dédaigneux, ce je ne sais quoi qui est bien parisien et qui est l'estampille de la mode.

Si bien que le prince, qui s'imaginait révolutionner le bois avec une trouvaille, ne recueillit de ces dames que des sourires moqueurs et de ces messieurs des mines plus étonnées qu'admiratives. On ne métamorphose pas une Champenoise en cinq minutes, pour en faire une grande coquine :

Ainsi que la vertu le vice a ses degrés.

Le soir, le prince eut à dîner un ami qui ne lui cacha pas l'opinion du bois : « On l'avait trouvé hardi de s'exposer ainsi avec une dame qu'on ne connaissait « ni des lèvres ni des dents ».

Le prince avait déjà vu sa bêtise ; aussi dit-il à son ami :

— Et moi qui ne t'avais invité à dîner que pour que tu m'enlèves cette jolie fille.

— Je n'en ferai rien.

— Ni moi non plus.

La pauvre Rosa avait fait fausse route. Elle se voyait déjà roulant en carrosse, les mains pleines d'or.

Elle se dépêchait bien vite dans son imagination de faire une petite fortune pour pouvoir décamper au plus tôt et s'en retourner toute joyeuse et toute repentante à son forgeron.

Mais c'était le pot au lait de Perrette.

Le prince avait logé Rosa dans un petit appartement meublé de la rue de la Madeleine, tout en lui donnant carte blanche pour se faire habiller comme elle l'entendrait. Naturellement, son intendante était la marchande à la toilette; car, le lendemain, pas plus tard, cette femme entra chez Rosa d'un air contrit en lui disant :

— Je suis bien désolée; ce prince est un homme sans principes, qui se moque de moi et qui se moque de vous. Ce matin, il venait de vous quitter quand je lui ai parlé d'argent, il m'a envoyée au diable. J'ai eu beau lui dire que le diable n'existait plus, il n'a rien voulu entendre.

Rosa avait pâli : elle sentait crouler sous elle tout l'échafaudage de sa fortune.

— Oh! mon Dieu! murmura-t-elle. Et moi qui n'étais tombée dans cette folie que pour faire la fortune de mon amant! Me voilà bien punie; car je ne me consolerai jamais d'avoir été princesse pendant quatre jours.

— Après tout, ma petite, reprit la marchande à la toilette, il faut tirer parti de tout, même du malheur. Le prince a payé cet appartement pour un mois; vos robes sont bien à vous, quoi qu'il ne m'ait donné que mille francs; mais j'ai le chagrin de vous reprendre les solitaires, car ils sont à moi et non à lui. Je les loue à ces dames à raison d'un napoléon par jour ; si vous voulez, je vous reprendrai vos robes pour cinq cents francs. Je connais beaucoup de ces dames qui n'ont pas un pareil capital pour leur semaine. Chacune a sa planète. Je crois que la vôtre est bonne. Voulez-vous que je vous tire les cartes ?

— Est-ce que vous vous moquez de moi ? s'écria Rosa avec impatience.

— Voyez-vous, ma petite, il ne faut pas vous éterniser ici à pleurer votre infortune. Il n'y a que les imbéciles qui se morfondent dans les larmes. Allez vous promener aux Champs-Élysées, prenez une stalle pour un théâtre, dînez au petit Moulin-Rouge : il n'y a pas qu'un prince au monde, vous en retrouverez un autre.

— Ce n'est pas ma planète, murmura Rosa. Pas un mot de plus. Je sais ce qui me reste à faire ; reprenez toutes ces guenilles et donnez-moi cinq cents francs.

Et elle ajouta tristement :

— Je les ai bien gagnés, car j'ai roulé sur le fumier comme la dernière des dernières. Il ne me reste plus qu'à mourir comme mon amie de la rue de Longchamps.

Elle éclata en sanglots.

XVII

ROSETTE A LA RECHERCHE DE SA MÈRE.

Cependant le forgeron Pierre Lemaître jura un matin qu'il retrouverait Rosa vivante ou morte. Il n'y tenait plus ; il avait beau vouloir se consoler avec sa petite fille, plus il allait, plus il s'enfonçait dans son chagrin.

— Je veux savoir, disait-il, s'il faut la pleurer ou l'oublier.

Quoiqu'il aimât le travail, il se surprenait souvent tout rêveur, le marteau au repos. Il ne battait plus le fer quand il était chaud. Ses amis l'avaient entraîné plus d'une fois à quelque fête de famille ; mariage, enterrement, baptême, anniversaire, pour l'arracher à son idée fixe.

On l'avait mis à dessein en présence de quelques filles accortes et bien troussées. Pourquoi ne finirait-il pas par se consoler avec celle-ci de l'abandon de celle-là? Il voulait bien rire un instant, mais, au fond, il gardait religieusement le souvenir de Rosa. Il y a des gens qui ne démordent pas d'une passion pour s'attabler à une autre passion; ils aiment mieux ronger les miettes de la table, que de s'enivrer à un nouveau festin, quelque somptueux qu'il fût. C'est que Rosa avait eu bien des séductions : fraîche, blanche, gaie. Deux coups de feu dans les yeux. Un sourire qui avait ses trente-deux dents. La beauté du diable, le diable dans la beauté. Tous les miracles des filles d'Ève.

— Elle était bien jolie, disait-on au forgeron.

Ce à quoi Pierre Lemaître répondait :

— Elle eût été laide comme le péché que je l'aurais aimée tout de même. C'était là ma femme. On a beau dire, on est forgé l'un pour l'autre.

Un beau matin, Pierre Lemaître fit ses bagages et partit pour Paris.

Quand je dis qu'il fit ses bagages, je pourrais me contenter de dire qu'il partit avec la fille de Rosa.

Cette action si simple parut si touchante à Aubigny-les-Vignes, que tout le monde pleurait en le voyant partir. C'est qu'on savait bien que jamais homme n'avait mieux aimé une femme. C'est qu'on n'oubliait pas que, pendant six années, il avait que jour espéré la voir revenir.

Quand un campagnard va à Paris, il ne se hasarde pas dans la capitale des capitales sans chercher un compatriote pour le conduire. Chaque village de France a son représentant sur les bords de la Seine ; ce qui prouve que tous les Parisiens ne sont pas nés à Paris, comme disent les fils de M. Prudhomme.

Rosette avait cinq ans : elle parlait souvent de sa mère. Tous les soirs le forgeron l'agenouillait devant une photographie de Rosa en lui disant : « Prie le bon Dieu pour ta mère. »

Rosette dit une fois à son père :

— Est-ce que maman prie le bon Dieu pour moi ?

Et, un instant après :

— Et toi, pries-tu le bon Dieu pour maman ?

— Non, parce que le bon Dieu n'écoute que les enfants.

Pierre Lemaître débarqua à Paris chez un camarade de forge qui était devenu un maître serrurier dans le faubourg Montmartre. Il s'imaginait que cet ami de la vingtième année allait le recevoir à bras ouverts ; mais bonjour, bonsoir, le maître serrurier eut peur d'avoir à héberger un de ces paysans qui ne font pas de façon pour prendre pied où ils se trouvent. Il l'emmena au café, où, tout en prenant un bock, il lui fit comprendre qu'il n'était pas un montagnard écossais.

Le forgeron, naturellement fier, lui dit qu'il ne venait pas « pour l'embêter ». Il lui conta ses chagrins.

Après quoi, il lui présenta sa petite fille et lui demanda de le piloter en cet abîme de ténèbres pour un nouveau venu.

— Mon cher ami, dit le maître serrurier, tu vas chercher une aiguille dans une botte de foin, surtout si tu n'as ni vent ni nouvelle de ta payse.

— Ah! j'ai bien peur qu'elle ne soit morte.

A ces mots, la petite Rosette, jusque-là silencieuse, s'écria gaiement :

— Ah! non, maman n'est pas morte, puisqu'elle vient toujours me voir dans mes rêves.

Pierre Lemaître embrassa sa fille.

— Elle a peut-être raison, dit-il en portant la main à son cœur. Quelque chose me dit là que Rosa n'est pas morte, et pourtant, pourquoi n'a-t-elle pas reparu, pourquoi ne m'a-t-elle plus écrit? pourquoi ne s'est-elle pas inquiétée de sa fille?

— Il y a des femmes comme ça, dit le serrurier;

vois-tu, quand on va à la débauche, on ne pense plus aux gens de son village.

— Qu'elle ne pense plus à moi, c'est bien ; mais, quand on a une fille, on ne l'oublie pas.

— Qui est-ce qui sait si elle n'en a pas eu une douzaine d'autres ? Comme on dit, le flot emporte le flot.

— Non, non, on ne me fera jamais accroire que Rosa était une sans cœur ; il y a quelque chose là-dessous.

— Enfin, mon ami, dit le serrurier en payant les trois bocks, je souhaite que tu retrouves celle que tu cherches ; mais ce n'est pas moi qui ai forgé la clef de sa chambre.

— Où pourrai-je bien aller ?

— Ah ! ma foi, je n'en sais rien. Tu comprends que je n'ai pas le temps de te montrer le chemin, d'autant plus que je ne le connais pas.

— Oh ! mon Dieu, je ne me fais pas trop d'illusion : si elle est morte, elle est bien morte ; si elle se cache, elle se cache bien. C'est égal, tu n'es pas gentil de ne pas chercher un peu avec moi. Ne t'imagine pas que je viens te demander de l'argent ; car, grâce à Dieu ! j'ai de quoi.

A ce mot, le serrurier fut un peu plus aimable.

— Tout ce que je puis faire pour toi, c'est de

t'accompagner le soir dans les théâtres et dans les bastringues.

Le forgeron fut presque indigné.

— Oh! ce n'est pas là que nous retrouverons Rosa.

— Allons, allons, ne t'emporte pas comme une soupe au lait. Je ne dis pas ça pour l'accuser. Ne t'imagine pas que tu vas la retrouver au Sacré-Cœur. Que diable, quand on commence comme elle a commencé...

Le forgeron ne voulut pas entendre un mot de plus. Il vit bien que son ancien camarade n'était plus son ami, il le planta à la porte du café et prit sa fille dans ses bras.

— Voilà un original! dit le serrurier qui n'était pas fâché après tout de le voir partir; il croit qu'il a affaire à une rosière; vous verrez qu'il retrouvera sa maîtresse à l'Élysée-Montmartre ou au Waux-Hall! là, il faudra bien qu'il en rabatte.

Le pauvre forgeron fit ainsi quelques visites préliminaires pour apprendre la géographie de Paris; mais il ne fut pas mieux renseigné chez ses autres compatriotes. Il ne savait pas qu'à Paris le temps, c'est de l'argent; or nul, dans ce pays de travail et de plaisir, n'a une heure à perdre.

Il trouva pourtant quelques sympathies chez

une couturière d'Aulnay-les-Bois, qui travaillait dans une boutique à la mode.

— Voyez-vous, lui dit-elle, il ne faut pas désespérer. Je n'ai pas bien connu mademoiselle Rosa, parce que j'étais jeune encore à son départ du pays ; mais elle était si jolie, qu'elle a bien pu faire fortune à Paris. Telle que vous me voyez, j'habille beaucoup de cocottes et j'ai des amies qui en habillent d'autres ; je vous promets de faire des fouilles ; car vous êtes un brave homme et vous me touchez jusqu'aux larmes.

La couturière embrassa la petite Rosette.

— Et puis cette fillette-là est tout plein charmante, elle a un petit air décidé qui me ravit : nous lui trouverons sa mère.

— Dieu vous entende !

Le forgeron reprit tout son espoir.

— C'est égal, dit-il, ils ont ici un grand cimetière qui s'appelle le Père-Lachaise. J'irai aussi la chercher par là.

Et, après un soupir :

— Et, si je la retrouve morte, je l'emporterai à Aubigny-les-Vignes ; nous aurons au moins quelque chose d'elle.

XVIII

UNE AIGUILLE DANS UNE BOTTE DE FOIN.

En effet, ce fut au Père-Lachaise, à Montmartre et au Montparnasse que Pierre Lemaître fit ses premières recherches. Il avait peur de trouver une morte, mais il avait peur aussi de ne rien trouver. Dans son chagrin, c'eût été presque avec joie qu'il eût vu se détacher ce nom de Rose Moustier sur une pierre tombale.

Mais ce fut vainement qu'il passa toute une journée dans chaque cimetière, le parcourant dans tous les sens, interrogeant les gardiens comme une âme en peine ou comme un fou, pendant que Rosette, toujours gaie, cassait des roses autour des tombes, sans s'inquiéter des réprimandes ; elle croyait se promener dans le parc du château de la Tour, où elle accompagnait son père quand il allait ferrer les chevaux du châtelain.

Au Père-Lachaise, la couturière d'Aulnay-les-Bois, mademoiselle Éléonore, était restée deux heures avec le forgeron, ne lui cachant pas que la fosse commune en avait emporté de tout aussi belles que Rosa, sans jamais dire le nom de celles qui passaient par cet abîme.

— Quoi ! disait Pierre Lemaître, serait-il possible qu'on l'eût jetée là comme un chien !

— O mon Dieu ! c'est le sort de beaucoup d'entre nous. Voyez-vous, dans la mort c'est comme dans la vie, il n'y a pas de place pour tout le monde. Ceux qui ont de l'argent ont du marbre, ceux qui n'ont pas d'argent ont un lit dans la terre, mais les gens qui ont du marbre n'en sont pas plus fiers pour cela.

— Ah ! mademoiselle Éléonore ! c'est bien triste de ne pas retrouver ceux qu'on aime, même s'ils sont morts.

Le forgeron dit que le serrurier lui avait parlé des bals publics.

— Oui, dit-elle en souriant, vous changez de conversation. Ce serait assez drôle de sauter du Père-Lachaise au Waux-Hall ou à l'Élysée-Montmartre. Si vous voulez, nous irons faire un tour par là demain dimanche, seulement il faudrait coucher l'enfant.

— Pourquoi donc? à Aubigny on ne fait pas de mal en dansant.

— Oui, mais à Paris ce n'est pas la morale en action. Et puis vous oubliez que c'est en revenant de danser à Aulnay que vous avez commencé tous vos malheurs.

Le lendemain on jeta un coup de pied dans tous les bals de Montmartre : Pierre Lemaître était tout effaré du laisser-aller de ces demoiselles.

— Ce n'est pas là dedans que je trouverai Rosa, disait-il; elle était gaie, mais elle avait plus de tenue. Et puis toutes ces filles sont des gamines qui n'ont pas vingt ans.

— Allons donc, s'écriait mademoiselle Éléonore, il n'y a pas de bal qui n'ait sa vieille garde, voyez plutôt celles qui sont attablées là-bas.

Disant ces mots, la couturière montrait de ces cariatides de bastringues, qui feraient peur à l'amour si l'amour avait peur de quelque chose.

— Je vois bien qu'il nous faudra chercher ailleurs.

— Ne vous rebutez pas sitôt; la moitié des femmes de Paris — je veux dire de celles qui s'amusent — vont ici ou ailleurs. Celles qui font du chic se risquent à Mabille; il faudra vous payer ce jardin-là.

— Oui, on m'en a parlé, mais je ferais là une drôle de mine, car je suis fagoté comme quatre sous.

— Avec trente-sept francs cinquante on a un habillement complet : ne vous refusez pas ce luxe. Quand on a une tête comme vous, il y a toujours de la ressource.

— Allons donc ! avec ma figure toute noire !

— Eh bien ! on vous prendra pour un zouave, ou pour un étranger. Ce n'est pas mal porté.

Le forgeron souriait de son sourire triste.

— J'irai partout, murmurait-il avec résignation.

Et il ajoutait :

— C'est tout de même bien triste de chercher une femme qu'on aime dans tous ces lieux de perdition.

— Nous chercherons Rosa ailleurs, disait mademoiselle Éléonore.

Et, comme elle n'avait pas le temps d'accompagner tous les jours Pierre Lemaître, elle lui conseillait d'aller s'asseoir dans les promenades publiques.

— Vous verrez passer tout Paris devant vous.

Qui sait, puisqu'il y a une Providence, pourquoi Rosa, si elle est à Paris, ne sortirait-elle pas pour vous comme le numéro gagnant ?

— Je n'ai jamais eu de chance au jeu.

— Il ne faut qu'un coup.

Pierre Lemaître suivit le conseil de mademoiselle Éléonore, il courut tous les squares, il passa plusieurs après-midi aux Champs-Élysées comme un désœuvré.

— Enfin, disait-il, je ne perds pas tout à fait mon temps, puisque Rosette s'amuse si bien !

Il payait les guignols, les chevaux de bois, les courses aux chèvres à sa fille comme un bon bourgeois de Paris.

Plusieurs fois, le soir, il la conduisit au Cirque. C'était encore une page ouverte pour les recherches, car, au Cirque, il y a de tous les mondes.

— Voyez-vous, dit-il un jour à mademoiselle Éléonore, j'ai peur que Rosa ne soit mariée, et bien mariée ; voilà pourquoi elle n'aura rien dit à Aubigny-les-Vignes

— Si elle est bien mariée, ce n'est qu'un demi-malheur.

— Et sa fille ?

Le forgeron n'osait parler de lui, mais c'était lui qui mourait de ne pas revoir Rosa.

— Ce n'est pas possible, remarqua mademoiselle Éléonore, car vous m'avez dit qu'elle n'avait pas demandé ses papiers, son acte de naissance, son acte de baptême, l'acte de décès de ses père et mère ; l'on ne se marie pas comme ça sans dire qui on est et d'où on vient.

— On m'a conté qu'il y en avait plus d'une qui s'était fabriqué des actes de naissance et des actes de baptême. Tout s'achète avec de l'argent.

— Ah! ma foi, mon cher ami, si elle est mariée, vous ne la trouverez pas aisément, car il y a à Paris des femmes mariées qui vivent chez elles comme dans un couvent. Et pourtant, à force d'aller le dimanche au bois de Boulogne, on voit tout le monde. Par exemple, c'est demain fête. Plantez-vous à l'Arc-de-Triomphe et ne mettez pas vos yeux dans votre poche.

Le forgeron obéit, comme toujours, mais il eut beau jouer des yeux et dévisager toutes les femmes, il ne reconnut pas cette figure adorée qui était sa vie et sa mort.

XIX

ÇA ET LA

Mademoiselle Éléonore, qui n'allait pas beaucoup à la messe, avait oublié d'indiquer les églises à Pierre Lemaître. Mais le forgeron, qui était bon chrétien, n'oubliait pas d'aller tous les matins, dans la première église qu'il voyait, faire le signe de la croix et s'agenouiller devant Dieu.

Quand il était seul avec Rosette, il murmurait :

— Vois-tu, ma fille, c'est Dieu qui nous dira où est ta mère, prie-le bien.

L'enfant fit un jour cette remarque que le Dieu de Paris était bien plus beau que le Dieu d'Aubigny, aussi devait-il faire bien plus de miracles.

Mais Pierre Lemaître attendait toujours le miracle de retrouver la mère de sa fille.

Un matin qu'il était entré à la Trinité, il pâlit et chancela. C'est qu'il avait eu comme une vision de Rosa. Une jeune femme venait de traverser rapidement la nef, souriant à une de ses amies qui l'appelait par un signe. C'était bien la figure de Rosa, son air décidé, sa brusquerie.

— La voilà, dit-il avec un battement de cœur

Et il marcha vers elle; mais, quand il se fut approché, il reconnut que ce n'était pas Rosa. — Ce n'est qu'une tromperie, dit-il. — Mais il fit cette réflexion que plus d'une fois on croit voir une figure inconnue, parce que la figure connue doit apparaître bientôt. C'est le reflet avant l'image.

Mais le pauvre forgeron n'en était pas encore là.

— Plus je vais et plus je sens que je m'éloigne d'elle, disait-il tristement. Je vois bien qu'il me faudra retourner à Aubigny comme je suis venu, — pauvre homme sans femme, — avec une pauvre enfant sans mère!

Il y avait déjà trois semaines qu'il courait Paris en tout sens.

Cette vision de Rosa qu'il avait eue à la Trinité, il l'eut encore çà et là, au théâtre ou dans les promenades. De loin c'était Rosa, de près ce n'était rien, rien qu'une femme quelconque qui avait je ne sais quoi de cette fille tant aimée.

Il dit un soir à la couturière :

— C'est fini, je vais retourner là-bas, n'oubliez pas de m'écrire si vous passez sur son chemin.

— Voyons, voyons, dit mademoiselle Éléonore, il faut chercher jusqu'au bout, vous serez bien avancé quand vous serez de retour là-bas, seul à seul avec vous-même. On n'a pas bâti Paris en un jour, on ne découvre pas tout ce qu'il renferme en trois semaines; passez-y tout votre mois.

Le forgeron ne se fit pas prier. Il alla de plus belle à la découverte, arpentant Paris avec ses bottes de sept lieues, des bottes comme on n'en fait plus, si ce n'est en Champagne.

La couturière, qui çà et là cherchait avec lui, avait le pressentiment que c'était dans le monde des filles galantes qu'il retrouverait Rosa, mais elle désespérait, parce que ce monde-là est bien connu et qu'elle-même perdait son temps à chercher par là.

— Après tout, dit-elle à Pierre Lemaître, elle n'a peut-être pas fait fortune, la pauvre fille. Qui sait, si elle ne travaille pas dans quelque coin obscur des faubourgs, maîtresse d'un ouvrier, se sacrifiant pour une bonne œuvre.

— Je veux bien la chercher partout, répondit le forgeron; mais je la connais bien, elle était fière, quoique bonne fille, elle n'eût pas consenti à partager la misère d'un travailleur, à moins qu'elle ne l'eût aimé.

Pierre Lemaître voulait bien que Rosa l'eût aimé lui-même; mais il ne voulait pas supposer qu'elle pût aimer un autre ouvrier, tant l'homme aime à se faire illusion, même quand il désespère de tout.

Le forgeron n'en chercha pas moins Rosa par les faubourgs, se hasardant là dans un intérieur, là dans un atelier de femmes, ici dans un lavoir, plus loin dans un cabaret.

On l'a vu, il avait une tout autre idée de Rosa, aussi disait-il à chaque pas :

— Ce n'est pas la peine de la chercher parmi toutes ces femmes mal fichues.

Quoique Rosa fût sortie d'un cabaret, on n'eût pas surpris Pierre Lemaître en lui montrant sa maîtresse dans un palais, tant il avait une haute idée d'elle.

Il rencontra, un matin, son ancien camarade le serrurier; c'était un lundi, cet homme fêtait le lundi, il était déjà à moitié ivre.

— Payes-tu la goutte champenoise — pas de la

7.

fine, mais de la dure? — dit le serrurier au forgeron.

Ils entrèrent dans un café borgne.

Ce jour-là l'enfant n'accompagnait pas son père.

— Eh bien! as-tu trouvé celle que tu cherchais?

— Non.

— C'est que tu ne cherches pas bien, vois-tu; il y en a plus d'une de notre pays, qui n'est pas venue ici pour des prunes à l'eau-de-vie. Si tu veux, nous la chercherons ensemble.

— Et où veux-tu chercher?

— Cette question! Quand on cherche des filles, on va là où il y a des filles.

Le forgeron brisa son verre.

— Vois-tu, si tu n'étais pas mon ancien camarade, je te briserais comme ce verre.

Pierre Lemaître était devenu terrible; le serrurier eut peur. Il chercha à l'adoucir, mais le forgeron avait jeté une pièce de quarante sous sur la table et s'éloignait vers la porte.

— Voyons, voyons, mon ami, ne prends pas le mors aux dents.

Mais Pierre Lemaître était sorti en jurant de ne plus parler à cet homme.

Et pourtant ce que venait de dire le serrurier lui resta dans le cœur.

Après tout, qui sait si la misère noire, la misère aveugle, n'avait pas jeté Rosa dans une de ces maisons qui sont la honte de l'amour.

— Mais, dit le forgeron, je ne veux pas chercher Rosa parmi ces filles perdues, parce que, si je la retrouvais, il me faudrait la tuer ou me tuer moi-même.

D'où vient qu'il ne s'indignait pas trop quand la couturière lui parlait des filles galantes? S'imaginait-il donc qu'une femme peut être vertueuse à demi, et que, si elle se vend cher, elle se vend moins!

XX

DÉSESPOIR

La malice des choses, qui s'appelle le hasard, mit un instant Pierre Lemaître sur la trace de Rosa Moustier.

Le serrurier, qui ne pardonnait pas à son ancien camarade d'avoir plus de cœur que lui, ne put résister au plaisir de l'embêter — selon son expression — par une lettre anonyme.

Voici ce qu'il lui écrivit :

« *A monsieur Pierre Lemaître,*
cherchant sa payse à Paris,
rue Lamartine, hôtel de Lamartine.

» Idiot, que tu es, tu cherches et tu ne trouves pas, parce que tu ne sais pas chercher ; ta Rose est une rose fanée que tu n'iras cueillir que dans le jardin de Saint-Lazare. Tu te mettras ça à la boutonnière et tu iras faire le fier à Aubigny-les-Vignes. Il n'y aura pas de quoi, imbécile ! »

(Point de signature.)

Comme disait un jour un magistrat emporté par l'éloquence :

« C'était une de ces lettre anonymes qu'un brave signe et qu'un lâche ne signe jamais. »

Tout en dédaignant cette lettre, le forgeron demanda au maître de son hôtel ce que c'était que Saint-Lazare.

— Saint-Lazare, lui répondit cet homme, ce n'est pas un couvent de rosières, bien au contraire, c'est un refuge où on jette les femmes de mauvaise vie.

— Je m'en doutais.

— Est-ce que vous connaissez quelqu'un là ?

Pierre Lemaître se hâta de dire que non ; il avait laissé deviner à son hôtelier le but de son voyage à Paris, mais il ne voulait pas qu'on supposât que la mère de sa fille pût être à Saint-Lazare.

Il n'en était pas moins tourmenté par cette lettre anonyme ; il pensait bien qu'elle était du serrurier, mais elle était peut-être de tout autre. Il la fit lire à mademoiselle Éléonore.

— On ne sait pas ce qui peut arriver, lui dit-elle,

on en a vu de plus huppées que Rosa qui ont passé une saison à Saint-Lazare. Moi, qui vous parle, j'habille une comédienne qui y est allée tout comme une autre, pour avoir acheté des dentelles qu'elle a portées au — mont-de-piété — au lieu de les porter sur elle.

— Mais, dit le forgeron, on m'a appris que Saint-Lazare était la prison de toutes les filles perdues.

— Il y en a des unes et il y en a des autres, parce que la justice a le tort de trop confondre le vol, l'escroquerie, le dévergondage et la folie d'une heure. Je ne veux pas dire par là qu'on mérite une prime d'encouragement pour avoir passé par Saint-Lazare, mais enfin, à tout péché miséricorde.

— Comme vous y allez ! Je ne suis pas de votre paroisse ; si je retrouvais Rose à Saint-Lazare, je ne voudrais pas seulement la regarder. J'emporterais ma fille avec épouvante sans lui permettre jamais de revoir sa mère.

— Mon cher ami, avec ces beaux sentiments-là, il ne fallait pas venir à Paris ; vous n'imaginiez pas, j'espère, trouver Rosa Moustier au couvent des Oiseaux.

— Enfin, dit Pierre Lemaître, allons tout de même à Saint-Lazare, il faut connaître son malheur jusqu'au bout.

On n'entre pas à Saint-Lazare, comme on entre au café, ni à l'Élysée-Montmartre ni à Notre-Dame de Paris.

Toutefois, grâce à mademoiselle Éléonore qui était fort intrigante, on finit par en franchir le seuil : elle avait obtenu, d'une dame qu'elle habillait, une lettre, une vraie lettre de recommandation pour le directeur. C'était moins pour parcourir ce dédale où sommeillent les mauvaises passions que pour interroger le registre d'écrou.

Le directeur ouvrit ce livre sous les yeux d'Éléonore. Pierre Lemaître n'osait regarder lui-même, d'ailleurs il n'avait pas l'œil exercé pour lire les écritures, — selon son expression.

— O mon Dieu ! dit tout à coup la couturière.

— Est-ce ça ? demanda le directeur.

Le forgeron, qui se tenait dans l'embrasure de la fenêtre, vint tout anxieux.

— Oui, c'est ça, répondit mademoiselle Éléonore.

— Est-il possible ! murmura Pierre Lemaître en levant les bras et en les laissant retomber.

Il était anéanti.

— Quoi ! Rosa est ici ? reprit-il en s'animant.

Le directeur le regarda avec surprise.

— Elle a été ici, monsieur, mais elle n'y est plus.

— Et pourquoi était-elle ici ?

— Ah ! ma foi, je ne vous cache pas que ce n'était pas pour rien. Elle a été envoyée à Saint-Lazare parce qu'elle était pour quelque chose dans une fabrique de faux billets de banque.

— Ah ! par exemple, s'écria le forgeron, voilà qui n'est pas vrai.

Un peu plus il jetait le directeur par la fenêtre.

La couturière s'empressa de dire :

— Ne l'écoutez pas, il est si malheureux.

— Je n'étais pas au procès, dit le directeur, mais enfin cette demoiselle a été ici comme prévenue de complicité de faux.

Et, après avoir cherché dans ses souvenirs, le directeur continua ainsi :.

— Je dois dire qu'elle a été graciée après trois mois de séjour ici ; il paraît qu'elle avait le bras long et qu'elle connaissait le ministre de la justice.

— Allons-nous-en, dit le forgeron à la couturière ; du moment que Rosa a passé par ici, je ne veux pas savoir ce qu'elle est devenue. Je partirai tout à l'heure pour mon pays.

Mademoiselle Éléonore le prit par la main.

— Attendez-donc un peu, cette histoire m'intéresse comme un roman. Vous ne lisez donc pas les procès là-bas ? Le nom de Rosa Moustier a dû être imprimé dans les journaux.

— Non, non, dit le directeur de la prison, voyez plutôt le livre d'écrou. Je crois qu'elle a été condamnée sous le nom de la baronne de Saint-Ange; son nom de Rosa Moustier n'est ici qu'entre parenthèse, parce qu'après la condamnation le hasard a fait découvrir son nom qu'elle cachait si bien.

— Et que disait-elle ici ? demanda mademoiselle Éléonore.

— Elle ne disait rien. Je ne la rencontrais qu'à l'église ou à l'infirmerie ; le médecin m'a dit qu'elle avait tenté de s'empoisonner. Il paraît qu'elle a fini par se résigner. C'était une vraie mère de famille pour tous les enfants qui nous viennent au monde là-haut. Aussi, quoique pour moi elle n'était pas malade, je ne l'obligeai pas au travail de la maison. Je lui permis de rester au milieu des enfants. Quand elle est partie, je me rappelle qu'elle les embrassait comme si elle eût été leur mère.

Le forgeron retenait deux larmes.

La malheureuse, elle n'avait peut-être pas oublié sa fille !

Et, saluant le directeur :

— Je vous remercie, monsieur, vous êtes un brave homme. J'aurais dû venir vous voir le jour de mon arrivée à Paris. Grâce à vous, j'en sais plus que je n'en voulais savoir ; il y a des malheurs qu'on ne peut empêcher. Adieu!

Le jour même, à la tombée de la nuit, Pierre Lemaître rentrait à sa forge.

Rosette riait avec les poupées achetées à Paris, tandis que son père dévorait ses larmes.

Tout le monde disait à la petite Rosette :

— Tu n'as donc pas vu ta maman?

— Oh si! répondait-elle, j'ai vu trois ou quatre mamans.

C'est que le forgeron lui avait dit plusieurs fois :

— Tiens, regarde bien cette femme-là, c'est le portrait de ta maman.

On se moqua un peu de Pierre Lemaître dans Aubigny.

— Une femme est une femme, disait-on : pourquoi ne prend-il pas la première venue? Il ne serait pas à se tourmenter comme une âme du purgatoire.

Mais s'il y a des hommes qui se consolent d'une femme par une femme, il y en a aussi qui ne veulent pas se consoler.

Naturellement, le forgeron ne conta à personne l'histoire de Saint-Lazare. Il était plus triste encore qu'avant son voyage à Paris. Il n'espérait pas revoir jamais Rose. Bien plus, si elle revenait, il refuserait de vivre avec elle et de lui confier sa fille,

XXI

LE PAYS NATAL

Rosa croyait toujours que sa fille était morte.

Le pays natal est surtout le pays où l'on a aimé pour la première fois.

A certaines heures, Rosa respirait je ne sais quelles bouffées de son beau temps ; c'était triste et doux. Des larmes roulaient sur ses joues, elle portait la main à son cœur. Ces mots : — Ma fille, ma fille, s'échappaient de ses lèvres.

— Pauvre petite ! disait-elle, en penchant la tête sous le repentir. Si je l'avais gardée, elle ne fût pas morte.

Oui, pauvre petite, car il n'y avait pas de jour que

Rosine ne demandât sa mère; non pas qu'elle se souvînt de la figure de Rosa, mais parce que toutes les voisines du serrurier lui parlaient de sa mère.

Mais Rosa avait toutes les peines du monde à vaincre sa mauvaise destinée qui lui refusait tout, car on voit peu de créatures, sur le pavé de Paris, souffrir de pareilles misères. Elle remettait toujours au lendemain le triste plaisir d'aller au cimetière d'Aubigny-les-Vignes pour pleurer sa fille — qui n'était pas morte.

Rosa se penchait souvent sous le souvenir de son pays. Elle avait respiré là les pénétrants parfums de la jeunesse. Le miroir de son esprit avait gardé les ineffaçables tableaux de sa vie rustique. L'enfance et la jeunesse gravent à l'eau-forte sur les premières pages du cœur. Rosa voyait en elle les images de sa chère montagne, de sa chère vallée, de son cher Aubigny-les-Vignes. Quand elle entendait les cloches de Paris — qu'on n'entend presque jamais — elle se surprenait à faire le signe de la croix parce qu'il lui semblait que les cloches de son village retentissaient en elle. Mais tout à coup, c'était là son caractère, elle riait de tout cela et disait : « C'est beau de loin. »

Et pourquoi eût-elle aimé désormais son pays? L'amour là-bas ne lui avait pas réussi; elle se rap-

pelait son père ivrogne, sa mère qui la battait, sa
sœur Cécile qui s'y était déshonorée par un amour
adultère. Mais ce qui achevait surtout de la détacher d'Aubigny-les-Vignes, c'est qu'elle croyait que
son enfant y était morte, c'est qu'elle ne doutait pas
que le forgeron ne se fût consolé par un mariage.
Elle avait si peur de la vérité qu'elle ne voulait pas
écrire là-bas. Elle voulait qu'on l'oubliât et elle
voulait oublier. « Un jour, disait-elle, si je fais fortune, j'irai faire un tour à Aubigny et élever un
tombeau à mon enfant, sinon, je ne veux pas qu'on
se moque de moi. »

Je dois dire que l'amour maternel n'avait pas
tourmenté souvent Rosa. L'amour maternel ne
prend guère les femmes que par la vue de leur enfant. On n'est pas mère par ouï-dire. Les nourrices
aiment mieux leurs nourrissons que ne font les
mères elles-mêmes. Rosa, qui avait eu à peine son
enfant sur son sein, n'avait donc pas eu le temps de
s'y attacher joyeusement et douloureusement. Ça
n'avait été qu'un accident dans sa vie.

Comment n'avait-elle rencontré ni l'une ni l'autre de ses sœurs, puisque toutes les deux avaient
habité Paris, surtout Orphise ? Mais on sait qu'à
Paris, quand on ne vit pas dans le même monde,
les femmes surtout sont plus éloignées les unes des

autres que si elles vivaient aux deux bouts du monde. Comment voulez-vous qu'une femme de chambre qui vit chez les bourgeois ou chez les duchesses rencontre une demoiselle à la mode? Cela se voit quelquefois : il n'y a que les montagnes qui ne se rencontrent pas. Mais enfin, Rosa n'avait pas rencontré ses sœurs. Elle eût peut-être fui Cécile, mais elle eût été bien heureuse d'embrasser Orphise.

XXII

LES MYSTÈRES DE PARIS

Cependant que devenait Rosa?

Si vous êtes curieux de savoir pourquoi elle fut écrouée à Saint-Lazare, il vous faudra rebrousser chemin et assister à ce que j'appellerai les amorces et les péripéties de l'argent.

Qui n'a eu aujourd'hui ses historiens, depuis les dieux, les demi-dieux, les rois et les bergers? Paris n'a-t-il pas une page? En ce temps-ci les faussaires eux-mêmes ont été historiographiés dans un grand journal. On a pu voir, en les étudiant, que ce n'était pas là encore le premier des métiers. Beaumarchais disait : « La difficulté n'est pas de faire une pièce, c'est de la faire jouer. » Les faussaires doivent se dire : « La difficulté n'est pas de contrefaire un billet, c'est de le faire passer. »

Aussi chaque faussaire s'accoquine à une femme. Ils ont le courage d'imprimer ces billets féeriques, où ces mots sautent aux yeux : *Tout contrefacteur est puni de mort.* Mais le courage leur manque pour faire de l'argent avec le billet ; tandis que les femmes y vont plus ou moins gaiement. C'est qu'elles s'imaginent toujours qu'elles sont inconscientes, même quand elles savent ce qu'elles font.

Si on publiait en un petit livre l'histoire des faussaires, on rendrait un service signalé à tous ces rêveurs de millions qui se font toujours prendre. En effet, s'il y a des criminels impunis, ce ne sont pas les faussaires, du moins c'est la Banque qui dit cela. Car la Banque ne se trompe jamais, c'est imprimé.

Nous n'en avons pas moins des faussaires à Paris, en province et à l'étranger ; des Law aux petits pieds qui veulent faire passer leurs papiers sans s'inquiéter des troubles de la rue La Vrillère. C'est surtout depuis quelques années que ce petit commerce est plus répandu. Autrefois, on travaillait pour devenir riche, aujourd'hui on ne travaille que l'argent des autres. On veut cueillir l'heure, mais on ne cueille pas l'heure avec les mains vides.

Voilà pourquoi on vit un jour un homme sans pays, sans origine, sans nom, jouer un grand jeu à Paris, sous le pseudonyme de Amilton, — remarquez bien Amilton sans H. — Le duc d'Hamilton n'avait rien à dire.

Mais étudions de près ce coquin qui, même avant de battre monnaie, avait pris pied dans le monde du sport, en sa qualité d'étranger. N'être pas connu, c'est déjà un titre à Paris.

Ce fut alors que Rosa entra chez la vicomtesse du Hamell. Pourquoi la vicomtesse du Hamell avec deux ll?

C'est un mystère qui sera dévoilé plus tard, quand cette dame sera forcée de produire son acte de naissance.

C'était une femme fort originale; elle avouait vingt-huit ans depuis près de vingt ans; elle vivait presque toujours couchée; elle menait un grand train de nuit.

Ce qu'il y a d'incroyable, c'est qu'elle jouait encore le jeu de Célimène avec beaucoup de succès. A l'Opéra, aux Italiens, dans le monde des étrangers, çà et là, même dans le monde parisien, on la voyait entourée d'adorateurs passionnés qui ne lui donnaient que vingt-huit ans.

C'est qu'elle avait le grand art de ne coqueter

avec eux qu'entre le crépuscule et l'aube. Depuis bien longtemps, elle ne connaissait plus le soleil ; c'était la femme nocturne par excellence. On l'avait surnommée la Belle-de-Nuit.

Depuis Ninon de Lenclos, depuis Diane de Poitiers, depuis les demi-déesses, on n'avait jamais conduit sa jeunesse si loin.

C'est que la vicomtesse du Hamell était une véritable artiste.

Quand j'ai dit qu'elle ne voyait plus le soleil, je me trompais ; tous les jours, pendant une heure, imitant en cela les Vénitiennes du seizième siècle, elle répandait ses cheveux autour de sa tête, comme une gerbe opulente, pour que le soleil les brûlât de ses rayons. Naturellement, elle commençait par les arroser de l'eau magique de Legrand, un alchimiste qui a trouvé l'or des cheveux.

La vicomtesse était donc adorablement blonde, mais ce n'était que le commencement de son travail.

Elle avait appris à peindre au pastel ; elle ne peignait plus que sa figure. Mais si elle se fût exposée au salon des Champs-Élysées, certes on lui eût donné une médaille. Elle aimait la vérité, elle accentuait plus ou moins les sourcils et les cils. A certain jour, elle risquait un grain de beauté. Ses lèvres passaient du carmin à l'incarnat selon la force de la passion.

De ses dents nous ne parlerons pas, car il était impossible de savoir si elle avait un dentiste. Peut-être ne venait-il chez elle que sous le nom d'un ambassadeur.

Elle était grande et souple, beau pied, bon œil. Sa couturière avait des doigts de fée, elle se coiffait avec un goût exquis, elle avait toutes sortes de chatteries dans la voix, dans l'attitude, dans le geste, si bien que le plus dédaigneux, tout en discutant ses titres à l'adoration, était pris tout le premier.

On dînait chez elle tous les vendredis; elle avait eu l'esprit de n'appeler à sa table que des gens du monde, des diplomates, des artistes, heureux de se retrouver. Pas un homme ne détonnait, hormis pourtant une espèce de gentleman nommé Amilton, un peu familier, un peu hâbleur, singulièrement prodigue et horriblement joueur.

On s'était étonné plusieurs fois de ses pertes inouïes, mais, comme il payait toujours rubis sur l'ongle, on passait outre sans trop aller au fond des choses. A Paris ne prend-on pas presque toujours les gens pour ce qu'ils se donnent? On n'a pas le temps de savoir ce qu'ils sont.

Quand Rosa fut sur le point d'entrer chez madame du Hamell, on lui fit sa leçon.

— Voyez-vous, lui dit la modiste, c'est une femme charmante qui a le ridicule de se croire toujours en sa vingt-huitième année, mais cela ne fait de mal à personne, pas même à ses amoureux, puisqu'elle leur fait illusion. N'allez pas vous aviser de lui trouver des mois de nourrice en plus, car elle vous jetterait à la porte comme une poignée de sottises.

— Oh! je ne suis pas contrariante. Je suppose que, si elle ne se paye que la moitié de son âge, elle ne paye pas ses domestiques à moitié.

Rosa s'imaginait qu'elle avait affaire à une vieille sorcière deux fois sur le retour ; mais quelle ne fut pas sa surprise — c'était le soir — de voir une toute jeune femme dans la grâce, le charme et l'entrain des plus belles années ! Elle n'en revenait pas. Il y avait du monde ce soir-là. Rosa trouva que sa nouvelle maîtresse était la plus jeune.

Le lendemain matin, quand elle entra pour habiller madame, ce n'était plus du tout le même tableau.

— Oh! oh! pensa-t-elle, on dirait une comédienne qui rentre dans sa loge et qui reprend sa figure naturelle. C'est dommage, elle était si bien hier !

Ce fut toute une étude pour Rosa, qui se promit d'en faire son profit quand elle dépasserait sa vingt-huitième année s'il lui arrivait alors de jouer de l'éventail.

— Mais moi, dit-elle, j'aime trop la lumière du soleil pour vivre comme une noctambule.

La fille du cabaret s'étonna tout autant du luxe inouï de la vicomtesse. Comment diable dépenser tant d'argent ? On peut dire qu'elle le jetait par la fenêtre et qu'elle ne descendait pas dans la rue pour le ramasser; elle ne se refusait pas un caprice, ni pour sa coquetterie, ni pour son intérieur, ni pour sa gourmandise. Avait-elle donc une fortune inépuisable ? On disait qu'elle était séparée de son mari — sans doute il n'avait pas mangé sa dot — mais on disait aussi qu'elle n'avait pas eu de dot.

Toute Champenoise qu'elle était, Rosa s'aperçut bien vite que le bailleur de fonds était Amilton, qui passait pour le moins sérieux des amis de la vicomtesse.

Pourquoi baillait-il des fonds ?

Sans doute il avait ses raisons pour cela. Est-ce qu'il aimait madame du Hamell ?

8.

Pas pour deux sous. Rosa apprit bientôt que cet original avait une maîtresse qui n'avait pas vingt-huit ans et qui était à peine renommée dans les chœurs de l'Opéra.

Qui pourrait alors répondre à ce point d'interrogation ? Tant d'argent prodigué à une femme si vieille !

— Après tout, se disait Rosa, il n'a peut-être pas lu son acte de naissance.

Mais comme Rosa déshabillait madame le soir et que Amilton n'était pas là ; comme elle apportait le matin le chocolat à madame et que Amilton ne prenait pas de chocolat avec elle, elle jugea en fille d'esprit que le gentleman et la vicomtesse ne se voyaient que pour faire des affaires ensemble.

Quelles affaires ?

On ne la prenait pas pour confidente. Elle avait beau avoir l'oreille au guet, elle ne surprenait pas un traître mot du mystère.

C'était là un mystère de Paris s'il en fut.

Et toujours grand luxe, beaux dîners, écurie renommée, aumônes faites à deux mains.

— J'ai bien envie de demander deux cents francs par mois, disait Rosa, qui trouvait fort joli d'être engagée à cent francs.

On disait bien çà et là que la vicomtesse avait

des dettes, mais c'était par laisser-aller, par oubli, par mode, que sais-je ?

Les Parisiens qui n'ont pas de dettes ne sont pas des Parisiens et ne sont pas appréciés par leurs fournisseurs.

Ceux qui payent trop vite sont comme ces femmes qui se donnent au premier rendez-vous. Les imbéciles n'ont pour elles qu'une médiocre estime.

Un matin, Rosa eut une des clefs de l'armoire à secret : madame du Hamell écrivit devant elle une petite lettre ainsi rédigée :

« Mon cher agent de change,

» Je suppose que vous pouvez me remettre les 500 francs de rentes que vous avez dû m'acheter hier au comptant, — rentes au porteur, n'est-ce pas ? — Ci-joint, douze mille francs. Faites le compte, et donnez le titre à ma femme de chambre, qui doit le porter chez ma sœur.

» Mille et un compliments.

» Vicomtesse DU HAMELL. »

La vicomtesse se donnait une sœur pour les besoins de sa cause.

Après quoi, la dame remit à sa femme de chambre la liasse de billets en lui disant :

— Voilà dix mille francs tenus par une épingle et deux mille francs à part sur lesquels on vous rendra quelque chose.

Rosa obéit, sans y voir de malice, quelque peu surprise qu'on ne chargeât pas le valet de chambre de cet office.

Chez l'agent de change cela ne fit pas un pli, on prit les billets, on les compta en cinq secondes, on lui rendit l'appoint et on lui remit le titre de rente, en lui disant :

— Vous pouvez porter ça à la sœur de la vicomtesse.

Rosa ne comprit pas bien, puisqu'elle n'avait pas lu la lettre de la vicomtesse, mais elle ne fit pas de réflexions, elle s'en revint en se demandant quelle était cette sœur dont elle n'avait jamais ouï parler.

— Vous avez donc une sœur, madame?

Madame du Hamell parut inquiète.

—Ah! oui, j'avais oublié de vous dire que ce titre de rente était pour ma sœur ; aussi, vais-je l'envoyer tout de suite.

Or, Rosa, qui voyait clair dans la maison, s'aperçut que la vicomtesse envoyait le titre de rente à un agent de change d'Amsterdam.

Pourquoi ?

Mais, le soir, elle crut avoir une explication en écoutant causer le gentleman et la vicomtesse, qui semblaient ne pas faire attention à elle.

— Voyez-vous, Julia, rien n'est bon à pratiquer comme les arbitrages : on achète à Paris, on vend à Amsterdam, il y a toujours quelque chose à gagner.

— Oui, mais il y a moins à gagner si on achète à Amsterdam et si l'on vend à Paris.

— Que vous êtes bête ! O femme d'esprit, ne faut-il pas renouveler ses moyens d'action ? D'ailleurs c'est toujours un peu la même chose, puisqu'à Amsterdam les billets de la banque de Paris sont mieux reçus que de l'argent monnayé.

Au fond, Rosa ne comprenait pas un mot à tout ce grimoire ; mais, comme elle était inconsciente, et que les billets de banque ne lui restaient pas dans la main, elle ne faisait pas de façon pour y toucher.

Par exemple, le lendemain c'était une échéance : il y avait 17,000 fr. à payer. Pourquoi faisait-on tant de billets dans la maison ?

C'était un autre mystère. Le garçon de la Banque de France arrivait toujours à heure fixe : onze heures.

Il présentait son petit billet vert dans l'antichambre ; on allait chercher l'argent, je veux dire les billets, qui passaient rapidement dans son portefeuille.

Le jour d'échéance, les garçons de banque ne s'amusent pas aux bagatelles de la porte : ils ont une merveilleuse habitude de l'or et des billets ; leur main leur sert de balance pour peser le rouleau de mille francs. Ils sentent au toucher si c'est le papier de la Banque, ce qui ne les empêche pas, tout en feuilletant les billets, d'y jeter un coup d'œil américain.

— Décidément, disait Rosa, je suis dans une bonne maison ; on pourrait s'y faire un oreiller de billets de banque ; ça va, ça vient, c'est merveilleux.

Total, un beau matin, deux agents de police vinrent pour arrêter le monsieur, la dame et Rosa.

Le monsieur était sorti, la dame s'éclipsa comme dans un songe ; il ne resta que Rosa.

Naturellement, quand on arrête une jeune fille, elle s'effraye, elle se trouble ; Rosa pâlit, Rosa rougit, donc elle était coupable.

Aussi, le commissaire de police, que suivaient ses agents, augura-t-il fort mal de la fille du cabaret.

Il lui fit subir brutalement un premier interrogatoire où il voulait lui faire dire toute autre chose que ce qu'elle avait à dire.

Les meilleures raisons de Rosa furent des injures au commisaire de police. Elle était si indignée qu'elle parlait à tort et à travers, si bien que chaque mot la comprometttait davantage.

Ce fut bien pis devant le juge d'instruction. Elle s'imaginait que l'innocence n'avait pas besoin de se défendre ; aussi le prenait-elle de haut devant ceux qui l'accusaient.

Comme elle avait bon air, — ce fut ce qu'il y eut de plus singulier dans cette affaire, — c'est qu'on voulut la convaincre qu'elle était la baronne Athénaïs de Saint-Ange — une vraie complice, celle-là — qui avait déjà eu maille à partir avec la justice.

Il fallait voir Rosa, baronne de Saint-Ange, envoyant tout le monde au diable !

— La baronne de Saint-Ange! disait-elle, elle a dîné à la maison ; c'est un monstre ; elle serait ma mère.

— Tout beau, tout beau, ne dirait-on pas que vous êtes un ange !

La vérité c'est que, malgré ce qu'elle en disait, Rosa ressemblait quelque peu à la baronne.

— Oui, oui, vous êtes la baronne de Saint-Ange. Comme elle est sous la surveillance de la police, elle s'est déguisée en femme de chambre pour faire ses coups avec Amilton et la vicomtesse du Hamell. C'est bien vous ?

Rosa trépignait ou éclatait de rire. Elle avait une telle peur que son nom de Rosa Moustier retentît devant les tribunaux, qu'elle finit par dire :

—Eh ! bien, oui, je suis la baronne de Saint-Ange, si vous y tenez, mais pour Dieu, ne m'ennuyez pas davantage.

Elle était toujours convaincue que la vérité serait la justice. Ce en quoi elle ne se trompait point : après avoir été jetée à Saint-Lazare comme complice dans l'affaire des faux billets de banque, elle eut le bon esprit de dire enfin son nom et de mettre les points sur les i avec le juge d'instruction, sans colère et sans injures. Même dans son effarement Rosa se défendit bien. C'était une nature droite qui n'y allait pas par quatre chemins.

— Vous avez passé de faux billets de banque, vous saviez bien qu'ils étaient faux.

Rosa se révolta.

— Est-ce que je connais les faux d'avec les vrais ? je n'ai jamais eu des uns ni des autres, excepté ici, mais ils ne m'ont pas brûlé les mains, car on me les donnait pour les donner ; parlez-moi d'une pièce de cent sous, à la bonne heure. Je sais si le monarque est vrai. Mais Rosa eut beau avoir l'accent de la vérité, elle fut écrouée ce jour-là à la Conciergerie.

Monsieur faisait de faux billets de banque, madame les passait dans le monde, mais on ne trouva ni monsieur ni madame pour les juger. Mademoiselle Rosa se présenta seule au tribunal.

Certes elle se fût bien défendue, car on sait qu'elle avait de l'éloquence naturelle, mais par malheur, on lui imposa un avocat qui la fit condamner parce qu'il ennuya les juges.

On ne la condamna d'ailleurs que pour une vague complicité, voilà pourquoi elle ne dépassa pas Saint-Lazare, voilà pourquoi aussi le forgeron trouva son nom dans cette maison des filles perdues où elle était restée six mois.

XXIII

LES JEUX DE LA DESTINÉE

Quand on sort de Saint-Lazare, on ne sait pas son chemin, même quand on a été mis là par erreur. A Paris, tous les chemins conduisent à l'abîme quand on a vingt ans. La question, c'est de n'avoir pas le vertige.

Rosa, qui était foncièrement bonne et qui n'était pas trop bête, ne désespérait pas de rester une brave fille. Mais le travail était rude. Un cynique a dit : « Pas d'argent, pas de conscience. » Rosa gardait toute sa conscience.

Il lui fallut bien retourner dans ces tristes bureaux de placements, où il semble que l'on demande une place pour l'enfer — train express.

Elle y coudoya des femmes qu'elle avait déjà vues. Vous savez, de celles-là qu'on met régulièrement à la porte et qui vivent des huit jours qu'on leur paye d'avance.

— Pourquoi suis-je revenue-là ! dit la fille du cabaret.

Quoiqu'elle sortît de Saint-Lazare, elle avait honte de se trouver en pareille compagnie.

Le marchand d'esclaves, je veux dire le « Monsieur » du bureau de placement, fut frappé de la jolie figure de Rosa, de son air intelligent et loyal. Tout homme a ses préférences. Celui-ci chercha pour Rosa ce qu'il avait de mieux.

— Tenez, lui dit-il, voilà trois adresses; vous serez bien ici, là ou là-bas, ce sont des gens du monde.

— Vous savez que je n'ai pas vingt francs à vous donner, mais vous pouvez compter sur ma parole.

Chose inouïe, le « chef de l'établissement » prit la parole de Rosa pour de l'argent comptant.

Voilà donc la pauvre fille qui sort de là avec l'espérance de retrouver un gîte.

Elle lut les trois noms qu'on lui avait donnés : madame la comtesse de Rumigny, rue de la Pépinière; madame Adisson, rue Auber; madame Serrurier, rue de l'Arc-de-Triomphe.

Rosa avait assez des comtesses et des vicomtesses. Elle eut peur des étrangères. Elle alla chez madame Serrurier.

Était-ce parce que ce nom lui rappelait son forgeron? Était-ce plutôt la destinée qui la poussait là?

Elle fut quelque peu démontée quand elle vit le numéro de la maison. C'était une de ces bicoques qui ont la prétention de jouer au petit hôtel : huit mètres de façade, une cour en avant grande comme la main, un jardin par delà tout ombragé par un seul abricotier. Vrai nid de petit bourgeois retiré des affaires avec sa petite femme, son petit revenu et son petit esprit.

Il semblait qu'on ne pût respirer là qu'en jetant la maison par la fenêtre. Quand on était dans le jardin, on ouvrait les deux petites fenêtres du salon pour avoir plus d'air.

— Diable! dit Rosa, il me semble que je me suis trompée de porte.

Déjà la rue ne lui avait pas semblé bien engageante.

— Après cela, dit-elle, il y a des diamants qui se cachent.

Elle sonna.

Une grosse cuisinière, air jovial, à peine débarquée de son village, vint ouvrir gaiement.

— Madame Serrurier?

— Ah! je devine, dit la cuisinière, je suis sûre que vous venez pour être de moitié avec moi?

— Mon Dieu oui, dit Rosa, je n'en fais pas mystère. La dame est-elle visible?

— Ah! je ne sais pas si c'est l'heure, car madame ne se montre pas souvent.

— Eh! bien, dites-lui que la meilleure des femmes de chambre demande à entrer à son service.

— Je n'en suis pas fâchée, car il y a fort à faire, quand on est seule comme moi.

— La maison est-elle bonne?

— Je n'en sais rien; d'ailleurs c'est ma première place à Paris, car j'arrive tout droit de la Bretagne.

— C'est que la maison n'est pas gaie.

— Oh! madame a un piano.

La cuisinière alla avertir madame Serrurier qui se pencha bientôt à la fenêtre de son cabinet de toilette pour voir Rosa, car la Champenoise était restée dans la cour.

Mais Rosa ne leva pas la tête, tout occupée qu'elle était à regarder une volière.

—Eh! bien, montez, lui dit la cuisinière.

Au premier étage, Rosa vit venir à elle une femme qu'elle connaissait beaucoup.

— C'est vous !

— C'est vous !

Vraie reconnaissance du boulevard du crime.

Rosa se retint à quatre pour ne pas dévisager la dame.

C'était la fameuse vicomtesse du Hamell qui murmurait entre ses dents :

— Comment ne l'ai-je pas reconnue dans la cour ?

— Ah ! que je suis heureuse de vous revoir ! dit-elle avec abondance de cœur.

— Et moi donc ! dit Rosa furieuse.

Mais la vicomtesse, avec sa douceur bien jouée, lui dit :

— Ma pauvre Rosa, vous savez notre désespoir quand vous avez été prise chez nous par un malentendu inexplicable.

— Comment, par un malentendu inexplicable ! Vous me donnez des billets de banque qui sont faux pour en faire de la vraie monnaie...

— Chut ! Est-ce que vous vous imaginez que nous avions fabriqué ces billets de banque. Dieu merci, nous avons prouvé que nous étions dupes.

La vicomtesse était anxieuse. Elle se cachait depuis l'arrestation de Rosa, sans que nul sût où elle était, quoique la police eût fouillé tout Paris. Et la première personne qui la reconnaissait, c'était Rosa. Il y avait là le doigt de Dieu. Comment faire? Il lui fallait à tout prix gagner Rosa à sa cause.

— Voyez-vous, Rosa, dit-elle presque suppliante, c'est le ciel qui vous envoie.

— Eh bien, madame, le ciel a bien peu de choses à faire.

— Écoutez, Rosa, vous n'avez pas compris.

La vicomtesse indiquait à Rosa la porte de sa chambre à coucher.

Rosa aurait voulu ne pas entrer, mais elle était curieuse.

— Enfin, pensa-t-elle, je vais donc savoir la vérit

En quoi Rosa se trompait fort, parce que la vicomtesse ne disait jamais la vérité.

Rosa n'était pas encore assise dans la chambre que madame du Hamell avait déjà bâti sa fable.

— Figurez-vous, ma chère amie, que j'ai été bien malheureuse en cette affaire.

Elle porta son mouchoir à ses yeux.

— Une femme comme moi! Mais, que voulez-vous? j'avais des ennemies qui avaient juré ma perte. Comprenez-vous une vengeance pareille? Pour mieux me frapper au cœur, mes ennemies ont voulu me perdre avec mon amant, car mon amant, voilà mon seul crime.

La vicomtesse sanglota.

— Vous comprenez bien que je pouvais dévoiler ces ténébreuses machinations. Mais je n'en étais pas moins perdue dans l'opinion publique, puisqu'il me fallait avouer un amant.

Rosa interrompit la vicomtesse :

— Ma foi, madame, j'aimerais bien mieux avoir un amant, que de passer pour faire des faux billets.

— Que voulez-vous, j'ai eu peur du bruit, j'ai perdu la tête! Ma famille a les yeux sur moi... Une grande fortune pour l'avenir... Et, puisqu'il faut tout vous dire, c'était briser avec mon amant, car c'était apprendre à tout le monde que mon amant était marié.

— Oui, mais avec tout cela, c'est moi qui suis allée en prison.

— Je vous payerai vos mois de prison. Ce n'est pas ma faute si vous êtes allée là. J'ai un ami au ministère de la justice qui a veillé sur vous, grâce à moi.

— Je ne m'en suis guère aperçue.

La vicomtesse désespérait d'apaiser Rosa. Comment la regagner à sa cause? Elle se remit à pleurer; elle pensa qu'il n'y avait plus qu'à jouer du sentiment. Elle prit une bague à son doigt, un joli bijou Louis XV rayonnant de petites roses.

— Tenez, ma chère amie, puisque vous ne voulez pas me croire, n'en parlons plus. Mais, en attendant que je vous prouve mon chagrin de vous avoir fait de la peine, prenez cette bague qui me vient de ma mère... son dernier souvenir...

La vicomtesse paraissait convaincue.

Rosa la regardait ne sachant que faire. La vicomtesse lui passa la bague au doigt.

— Adieu, Rosa, puisque vous ne voulez pas rester avec moi.

Cette fois, la Champenoise, un peu trop champenoise, fut vaincue.

— Qui vous dit que je ne veux pas rester avec vous?

— A la bonne heure.

La vicomtesse serra la main de Rosa :

— Vous ne serez plus ma femme de chambre, vous serez mon amie.

Rosa, un peu plus champenoise encore, prit cela pour de l'argent comptant. Elle fit la révérence à la vicomtesse.

XXIV

TENTATION DE L'ARGENT

Dès le lendemain, Rosa eut un effarement. La vicomtesse vint à elle et lui dit :

— L'homme de la Banque va venir tout à l'heure pour un billet de mille francs.

— Oh! par exemple, madame, ce n'est pas par mes mains que ce billet-là passera.

— Oh! n'ayez pas peur. Je ne suis plus si bête que payer en billets de banque. Je paye en or !

Et madame du Hamell remit à Rosa un rouleau de mille francs.

La Champenoise, qui n'avait pas confiance, lui dit :

— Avez-vous bien compté, madame ?

— Je suis comme la Banque, je ne me trompe jamais.

Elle montra à Rosa de petites balances de cuivre, un vrai bijou.

— D'ailleurs, voyez-vous, avec ces balances-là on ne se trompe jamais.

— Et s'il y avait des pièces fausses? pensa Rosa.

Mais elle n'osa soumettre cette question à la vicomtesse.

Et puis était-il possible qu'après l'affaire des billets de banque, on se hasardât à faire de la fausse monnaie !

Vint l'homme de la Banque. Un grand garçon allègre et insouciant comme s'il allait à la noce.

On a remarqué que les garçons de banque sont gais. Est-ce le voisinage de l'argent ? Ils se figurent vaguement qu'ils roulent sur l'or. Ce n'est pas pour eux. Mais qui donc peut dire : Cet or est à moi ? On le prend d'une main pour le donner de l'autre.

Rosa, pas trop bête, passa les mille francs à la cuisinière en lui disant :

— Madame m'attend, donnez cela contre le billet.

Mais la vicomtesse qui avait l'œil à tout sermonna Rosa :

— Du reste, lui dit-elle, je puis faire mes affaires moi-même.

Elle appela l'homme de la Banque.

— C'est que je veux voir si c'est bien ma signature.

Elle prit le billet et le regarda. Et, de sa voix la plus féline :

— C'est une misère pour vous mille francs ; avez vous une forte échéance ?

— Oh ! oui, madame ; cinq cent quatre-vingt-sept mille francs, mais j'ai un adjoint pour courir les petits billets. Je ne suis venu ici que parce que c'est au voisinage d'un banquier russe qui me donnera deux cent mille francs d'un coup sur une traite de Moscou.

— Deux cent mille francs ! Il y en a beaucoup à votre place qui ne rentreraient pas ce soir à la Banque.

— Oh ! tous les garçons de banque rentrent à la Banque.

— Vous êtes bien payé, au moins ?

— Comme des milords : dix-huit cents francs par an. De quoi rouler carrosse.

— C'est vrai, vous allez toujours à pied.

— Est-ce que nous aurions le temps de monter en voiture? nous nous arrêtons à chaque pas.

— Et vous ne faites jamais de mauvaises rencontres.

L'homme de la Banque montra un petit marteau très expressif.

— Voilà de quoi casser la tête de celui qui voudrait faire fortune tout d'un coup.

— Ces hommes de la Banque n'ont donc point de passions?

— Non, quand ils ont la sacoche sous le bras.

— C'est étonnant qu'il ne vienne à aucun de vous l'idée d'être quasi-millionnaire, comme cette idée vient à tant de notaires, de banquiers et de manieurs d'or.

— Oh! ceux-là ont fait leurs études; ils connaissent la géographie; ils savent bien où on peut se sauver. Mais nous autres, nous serions pris la main dans le sac, comme on dit.

La vicomtesse fit un léger salut et rentra.

— Il y a là peut-être quelque chose à faire, dit-elle en ébauchant un grand coup dans son imagination.

Le garçon avait pris de confiance les mille francs qui étaient bien mille francs.

XXV

M. DE CARTOUCHE ET LA VICOMTESSE DE MANDRIN

Le soir Amilton, absent depuis la veille, rentra avec une figure à l'envers. Il essaya un sourire en revoyant Rosa, mais il s'enferma bien vite avec madame du Hamell.

Rosa eut le pressentiment qu'il y avait encore des nuages à l'horizon; elle mit si bien son oreille à la porte qu'elle entendit une conversation quelque peu étrange.

Amilton commença par dire à sa maîtresse qu'elle avait eu tort de payer le matin parce qu'il était sans ressources. C'était vainement qu'il avait tenté ceci et cela. La fortune le trahissait partout. Il n'avait plus qu'un désir et qu'une idée, c'était d'armer son revolver, d'autant plus qu'il avait toujours peur d'être découvert. Il fit des reproches à sa maîtresse d'avoir repris Rosa ; c'était une grave imprudence ; si on la reconnaissait, elle donnerait l'éveil. Il fut convenu qu'on lui demanderait le secret et qu'on lui donnerait sa liberté.

Madame du Hamell essaya de redonner du courage à Amilton.

— Comment veux-tu qu'on nous reconnaisse ici? N'ai-je pas l'air d'être madame Serrurier, avec mes robes mal faites, mes chapeaux de l'an passé, mes talons bas. On m'écrit tous les jours : « A madame Serrurier, ancienne mercière. » Toute notre petite fable est aujourd'hui de l'histoire. Tu passes pour un ancien employé. Nous avons dix mille livres de rente. Jamais la police ne descendra chez des gens comme nous. N'est-ce pas là l'existence la plus régulière du monde? J'ai causé avec la laitière, qui est très bavarde, tout le quartier nous connaît et chante sur nous la chanson dont j'ai donné l'air.

— C'est vrai, dit Amilton, mais cela ne nous donne pas les dix mille livres de rentes dont tu parles. Et puis je ne veux pas vivre à ce prix-là. J'aime mieux en finir.

La vicomtesse n'était pas décidée à en finir.

— Mourir pour mourir, si j'étais un homme, je

ne ferais cette bêtise là qu'après avoir tenté un grand coup.

— Tu ne me reprocheras pas de n'être pas brave ; mais que diable veux-tu que je fasse ? je ne suis pas pour les infiniment petits. Ah ! si j'avais mes coudées franches, si je n'avais pas à mes trousses les gens de la police !

— Écoute, il m'est venu aujourd'hui une idée.

— Parle !

Il y a quelque chose à faire, je crois, avec les hommes de la Banque ; ainsi, ce matin, j'ai causé avec celui qui a touché les mille francs. Il m'a dit un mot qui m'a fait réfléchir.

— Quel mot ?

— Je crois que, si quelques-uns de ces gens-là sont des rocs de probité, c'est qu'ils ont peur d'être découverts. Il serait pourtant bien facile de les cacher.

— Comment feriez-vous pour en cacher un ?

— C'est bien simple, je louerais d'avance un appartement dans un des plus beaux quartiers de Paris ; je dirais que j'attends mon mari ; j'aurais sa garde-robe toute prête le jour du coup. Le garçon de banque, métamorphosé en Danois ou en Écossais, viendrait là manger ses revenus comme s'il n'avait pas autre chose à faire. Seulement, il sera pris d'une forte attaque de goutte qui le forcerait à garder la chambre.

— Oui, oui, c'est tout simple, c'est bien combiné. Mais va un peu proposer cela à un garçon de banque.

— On ne sait pas!

— Et puis qui est-ce qui serait sa femme?

— J'ai pensé que ce serait Rosa.

Sur ce mot Rosa entra dans la chambre comme la tempête.

— Ah! je n'en suis pas. Je savais bien que monsieur était un coquin et que madame était une coquine. J'allais encore me laisser prendre. Je ne veux pas m'en aller sans dire ce que j'ai sur le cœur!

Amilton avait rapidement saisi un petit revolver. Il y en avait partout dans la maison. Il le montra à Rosa.

— Voilà ma manière de parler, pas un mot de plus ou je vous tue comme une chienne.

— Ne vous donnez pas la peine de me tuer. Gardez cela pour vous! Bonsoir la compagnie.

Amilton retint Rosa par le bras et la secoua comme un prunier.

— Non, non, vous ne vous en irez pas.

Et, pour apaiser Rosa, la vicomtesse ajouta :

— Ma chère Rosa, vous êtes une vraie Champenoise. Vous ne savez donc pas que mon mari et moi nous faisons des drames?

— Allons donc! nous ne croyons pas à cela en Champagne.

— C'est pourtant la vérité.

— N'en croyez rien si vous voulez, reprit Amilton, mais soyez sûre que, si vous tentez de sortir d'ici, je vous brûle la cervelle. Il y va de ma vie, donc il y va de la vôtre.

Rosa n'aimait pas la tragédie :

— Oh! je vous jure que je ne dirai rien.

— Je ne vous crois pas; vous tiendrez compagnie à la vicomtesse pendant quinze jours, après quoi vous aurez votre liberté.

La peur retint Rosa dans cette ténébreuse maison. Elle voulait avertir la cuisinière; mais, craignant d'être arrêtée elle-même si la police était avertie, elle garda un silence prudent.

Or, qu'advint-il? C'est que l'idée de la vicomtesse avait germé comme une vraie plante vénéneuse dans l'esprit perverti d'Amilton. Il trouvait qu'il y avait là en effet un coup de désespéré. On reprit sans doute plus d'une fois la conversation en s'assurant que Rosa n'écoutait plus aux portes.

Ils firent mieux : quand Rosa rôdait encore autour de la vicomtesse, ils parlaient encore de « leur drame » en disant : *le premier acte finira ainsi,* ou bien : *dans le troisième acte, il y aura un bal costumé,* et autres malices cousues de fil noir.

Si bien que Rosa ne savait plus que penser. Quand on arrivait au *cinquième acte,* où le crime était puni et la vertu récompensée, elle se disait :
— Il faut bien qu'il y ait des faiseurs de drames, puisqu'il y a des spectateurs.

Elle avait l'esprit si troublé, qu'un jour elle dit à Amilton : — Si c'est vrai que vous faites un drame, pourquoi avez-vous peur de moi ?

— Vous ne voyez donc pas que c'est une des situations les plus belles de la pièce? Et puis, malgré tout votre esprit, vous pourriez me compromettre en jabotant sur notre travail.

Quelques jours après, l'affaire fut tentée. Il y avait encore un billet de mille francs à payer. Amilton reçut le garçon de Banque. Il n'avait pas d'argent à lui donner, mais il lui promit de le payer à la Banque même, vers le soir, parce que son notaire l'avait sans doute oublié. Il reprit la conversation tout juste au point délicat que la vicomtesse avait abordé.

Et il le fit avec une éloquence enveloppante et magnétique qui, selon lui, devait être irrésistible.

Le garçon de banque écoutait en souriant.

— Songez donc, disait Amilton, quelle vertu il vous faut pour passer les meilleures années de votre vie à compter l'argent des autres. Est-ce bien de la vertu ? C'est plus encore de la bêtise.

— Vous avez raison ; nous ne sommes que des ânes portant des reliques.

— Vous avez trouvé le mot. Si encore on vous tenait compte de ce dévouement ? Mais vous êtes des dupes dont tout le monde a pitié. La vie est trop courte pour se donner tant de mal.

Amilton trouvait une foule de raisons bien plus convaincantes.

Et à chaque pause le garçon de banque répondait, comme Pandore à son brigadier :

— Vous avez raison.

Il avait fini par s'asseoir.

Au bout d'un quart d'heure, Amilton, qui croyait bien connaître les hommes, ne douta pas que le garçon de banque ne fût pris au trébuchet.

Il déroulait avec emphase toutes les séductions d'une vie fastueuse. On pourrait vivre en Amérique comme un gentleman ou en Asie comme un vice-roi ; si on aimait mieux vivre à Paris, rien n'était plus aisé : avec de l'argent, on triomphe de tout. On arriverait à prouver qu'on n'était pour rien dans l'affaire ; on avait été dévalisé ; on n'avait pas osé se représenter à la Banque. On était parti avec un camarade pour le nouveau monde où on avait fait fortune. On remboursait la Banque parce que l'argent amène l'argent et on finirait par être marguillier de sa paroisse.

— J'y penserai, dit l'homme de la Banque en se levant. Mais aujourd'hui je n'ai pas encore vingt mille francs dans mon portefeuille. A quatre heures, quand j'aurai fini mes recettes, je repasserai.

Amilton fut presque effrayé d'avoir triomphé si vite de cette conscience.

— Nous jouons gros jeu, dit-il à la vicomtesse ; nous sommes sauvés ou perdus !

Et il regarda à la fenêtre l'homme de la Banque qui s'en allait la tête penchée.

— Ça y est, dit la vicomtesse, il est tout à notre idée.

XXVI

LE COUP

Si on fut ému, dans le tout petit hôtel de l'Arc-de-Triomphe, de midi à quatre heures, vous n'en doutez pas.

La vicomtesse, qui avait eu l'idée, était tout à la fois fière et inquiète. Amilton, qui déjà avait traversé tous les périls, fumait des cigarettes d'un air dégagé.

A quatre heures, un Auvergnat remit ce petit mot :

« Monsieur Belloni, garçon de banque, regrette
» de ne pouvoir repasser chez M. et madame
» Serrurier ; mais il ira les voir entre onze heures
« et minuit. »

— Le coup est manqué, dit Amilton.

— Pas du tout, dit la vicomtesse.

— Il a trop de temps pour réfléchir. On se jette à l'eau les yeux fermés.

— Il ne viendra pas ce soir avec sa recette, mais il viendra causer pour la prochaine occasion.

— Espérons-le ! mais, en attendant, je ne puis payer les mille francs échus aujourd'hui.

— Pourquoi as-tu voulu recommencer ce jeu de la Banque ?

— J'avais mes idées ; tu sais bien que j'ai déjà fabriqué un métal qui sonne comme de l'or. Je veux un jour mettre dedans tous les régents de la Banque. Mais malheureusement, dans cette bicoque, il n'y a rien à faire. Les murs sont si légers que les voisins entendraient voler une mouche chez nous la nuit. Et puis tu en parles bien à ton aise ; sans ce billet que je ne puis payer et que j'ai eu l'art de faire escompter, nous ne pouvions pas continuer à jeter de la poudre aux yeux dans ce quartier-ci.

— C'est vrai que nous n'avons jamais si bien inspiré la confiance.

En effet, monsieur et madame Serurier inspiraient si bien la confiance que le soir, entre onze heures et minuit, comme l'avait écrit le garçon de banque, on sonna à leur porte.

Ils étaient sous les armes, la vicomtesse avait préparé le thé pour mieux recevoir M. Belloni.

Ils avaient envoyé se coucher la femme de chambre et la cuisinière. Si bien que ce fut Amilton lui-même qui alla pour ouvrir la porte.

— Qui vive ? demanda-t-il.

— Belloni, répondit-on.

Il ouvrit et fut très surpris de ne pas voir le garçon de banque.

Celui qui avait sonné avait d'ailleurs une bonne figure.

— M. Belloni n'est pas venu ? dit cet homme.

Amilton, qui n'avait plus confiance, voulut refermer la porte au nez du visiteur. Mais un second visiteur venait d'apparaître. Ce n'était pas encore M. Belloni.

Ce second visiteur se jeta sur la porte et la rouvrit de force.

Amilton comprit ; mais il était bonne sentinelle. Il saisit et arma un petit revolver qui ne le quittait jamais.

— Si vous avancez, je vous tue.

Le second visiteur avait voulu saisir Amilton. Mais Amilton, qui était un prodige à tous les exercices de corps, le jeta rudement à ses pieds, pendant qu'il mettait en joue le premier visiteur qui, cette fois, parlait au nom de la loi et qui montrait son écharpe.

— Je respecte la loi, dit Amilton, le tenant toujours en joue, mais je conseille à la loi d'aller se coucher.

Il avait toujours le pied sur l'agent de police. Un pied de fer. L'agent de police, d'ailleurs, avait frappé du front contre le pavé.

Survint un troisième visiteur.

Cette fois Amilton fit feu. Le sang jaillit.

Il avait atteint en pleine poitrine le troisième visiteur.

Ce que voyant, le commissaire de police, tout brave qu'il était, appela au secours.

Mais, dans la rue de l'Arc-de-Triomphe, quand on appelle « Au secours ! », tout le monde se sauve, parce qu'on croit avoir affaire à des ivrognes attardés de l'avenue de Wagram, en compagnie de drôlesses invraisemblables.

Le commissaire, qui était armé lui-même, menaça Amilton. Mais Amilton n'avait peur de rien. Il répondit à la menace par la menace. Et comme il tenait toujours la porte à moitié fermée, il parvint, par un effort violent, à la fermer tout à fait.

Alors, prévoyant le retour plus offensif de la police, s'inquiétant à peine du premier visiteur tombé étourdi à ses pieds, il se précipita dans l'escalier pour sauver la vicomtesse.

Il ne fut pas surpris de voir qu'elle s'était sauvée toute seule.

Comment ? Elle avait vu la scène par la fenêtre ; elle avait compris que la force restait à la force armée ; elle avait jeté de côté Rosa, qui arrivait tout effarée ; elle était descendue dans le petit jardin, enveloppée d'une pelisse, et elle avait disparu comme un songe. C'était le même jeu qu'à leur première mésaventure des billets de banque, et en plus d'une autre équipée. Il n'est pas douteux, qu'en louant l'hôtel, elle n'eût, avec Amilton, assuré une fuite prévue.

— C'est autant de fait, dit Amilton ; à mon tour !

Il courut à un petit secrétaire et il y saisit des papiers. Il n'est pas besoin de dire que ce n'étaient pas des billets de banque.

Il allait redescendre l'escalier pour prendre à son tour le chemin pris par la vicomtesse, quand Rosa se jeta devant lui.

— Oh ! non, lui dit-elle, vous ne vous en irez pas comme ça !

Amilton repoussa Rosa, et voulut passer.

— Et moi donc! reprit-elle. C'est encore moi qui vais être prise pour vous.

Cependant la porte sur la rue venait d'être enfoncée ; une foule bruyante s'agitait dans la cour.

Amilton roula dans l'escalier, entraînant Rosa malgré elle et l'injuriant comme une fille.

— C'est bien, dit le commissaire, la vicomtesse est encore là. — D'ailleurs, pensait-il, je suis sûr de mon affaire, car j'ai des agents dans l'autre rue contre le mur du jardin.

Il était donc bien tranquille ; seulement il ne tenait pas Amilton et il allait encore risquer sa vie. Mais ce n'était pas la première fois qu'il traversait de pareils périls.

Ce fut au pied de l'escalier qu'il se jeta sur Amilton ; il croyait l'avoir bien enlacé, mais un coup de feu l'avertit qu'il n'était pas maître de ce terrible lutteur.

La balle traversa le bras du commissaire, ce qui lui fit lâcher prise.

Ce n'était pas le bouquet. Amilton salua toute la compagnie par quatre autres coups de revolver.

Cris de douleur, cris de rage, tout cela dans la nuit.

Une voix dit :

— Je suis morte!

C'était la voix de Rosa.

— C'est toujours ça, dit le commissaire.

Il s'imagina que c'était la vicomtesse, car, aux quatre coups de feu d'Amilton, ses hommes avaient riposté.

XXVII

COMMENT ROSA L'ÉCHAPPA BELLE

Au bout de quelques secondes, on eut de la lumière. Le commissaire vit bien au petit tablier ensanglanté de Rosa qu'il s'était trompé.

Il ne s'attarda pas à lui faire respirer des sels.

Il fouilla rapidement toute la maison.

— Ah ! voilà, dit-il.

Il avait entendu, dans une chambre du haut, qu'on barricadait une porte.

Les agents qui suivaient le commissaire dirent :

— C'est lui.

L'un d'eux tira un coup de revolver.

— Non, dit le commissaire.

Et il donna le premier coup pour enfoncer la porte.

— Et que trouva-t-on ?

On trouva la cuisinière presque évanouie disant : « Mon Dieu ! mon Dieu ! » avec une petite voix qui contrastait avec son embonpoint de matrone.

Le commissaire était furieux, il y avait bien de quoi :

— Qu'on veille sur cette femme, je l'interrogerai tout à l'heure.

On continua à fouiller la maison, la cour et le jardin sans oublier la cave et le grenier.

Mais on ne trouva ni Amilton ni la vicomtesse.

Naturellement on mit la main sur Rosa : puisqu'elle était rentrée au service de pareils coquins, c'est qu'elle était leur complice.

On se demandera pourquoi le commissaire était venu aux lieu et place du garçon de banque.

C'est que Belloni, qui était un très honnête homme, avait pressenti, en écoutant Amilton, après avoir écouté la vicomtesse, qu'il avait affaire à des gens du monde de la pire espèce : ceux-là qui ont remplacé avec avantage les détrousseurs de grands chemins.

Cartouche porte aujourd'hui un habit noir et sa maîtresse une robe à queue.

Aussi, le garçon de banque, craignant qu'un de ses camarades ne fût pris aux amorces de ces gredins-là, en avait dit un mot au commissaire de police, tout en lui demandant ce que c'étaient que monsieur et madame Serrurier.

A ce premier avertissement le commissaire de police avait rapidement ouvert une enquête avec tant d'intelligence qu'il était arrivé bientôt à reconnaître que monsieur et madame Serrurier, c'étaient le célèbre Amilton, gentleman accompli, et la vicomtesse du Hamell, grande dame incomparable. On devine et on sait le reste.

Mais on ne mit toujours pas la main sur lui ni sur elle.

Les hauts gredins et les hautes gredines sont comme les bourdons, ils crèvent les toiles d'araignées de la police.

— C'est égal, disait le commissaire, cette demoiselle Rosa payera pour les deux en payant pour elle.

Heureusement pour Rosa, elle eut affaire à un juge d'instruction qui fut pris à sa franchise et qui fit rendre une ordonnance de non-lieu.

D'ailleurs, une lettre de la vicomtesse du Hamell, datée par malice d'Amsterdam, avertit le procureur de la République que mademoiselle Rosa Moustier n'était pour rien dans ses affaires.

Naturellement, la vicomtesse profita de l'occasion pour constater son innocence à elle-même. Elle avait des ennemies jalouses, voilà tout.

Rosa se jura de ne plus servir personne avant d'aller aux renseignements : « Madame, je désire
» entrer chez vous, mais je veux avant tout voir
» vos papiers. »

XXVIII

LA FOLIE DES CHIFFONS ET LES POIGNARDS D'OR

Rosa aurait pu à son tour écrire bien des scènes de la comédie parisienne.

Elle entra alors chez la duchesse***, « pour habiller madame », c'est-à-dire première femme de chambre.

La duchesse avait toutes les prodigalités : celles du cœur et celles de l'argent; par exemple, ses amis lui reprochaient d'être avare de son esprit, ce qui ne l'empêchait pas de dire, plus souvent qu'à son tour, de ces mots qui jaillissent comme d'une source vive, quand elle attaquait ou même quand elle se défendait. Le difficile, ce n'est pas l'attaque, c'est la riposte.

Le duc, à peine marié, avait été effrayé des folles dépenses de sa femme ; quoiqu'elle eût les plus beaux chevaux pour la conduire au bois, dans l'auréole de son nom et de son titre, elle aimait mieux courir, comme elle le disait, le musée des chiffons. Sa fierté native ne s'indignait pas trop quand elle coudoyait des femmes de toutes sortes dans les magasins du *Printemps* ou du *Louvre*. Tout lui prenait les yeux, elle aurait voulu se multiplier pour acheter plus de robes encore.

Écoutez ceci, pour avoir une idée de cette maladie : elle donna d'un seul coup, pour les Alsaciens-Lorrains, non pas cent mille francs, mais cent robes qu'elle avait à peine portées un jour, une heure, un instant, le temps de se voir ou de se faire voir ; c'étaient toutes les modes de l'année, des merveilles, des nuages, des arcs-en-ciel. Sa chambre à robes était le cabinet des fées.

Ce fut vainement d'abord que le duc lui fit des représentations, lui disant qu'elle n'était pas sérieuse et qu'elle ferait mieux d'acheter un livre de plus et une robe de moins.

— Est-ce que vous seriez avare ? murmura la duchesse. Est-ce parce qu'un livre coûte cent sous et une robe mille francs ? Vous ne voulez donc pas que je sois belle ?

— Dieu merci, votre beauté n'a plus besoin d'être si bien habillée.

— Oui, vous êtes comme tous les maris ; vous voudriez que votre femme allât toute nue comme notre première mère.

— Non, mais je voudrais que les feuilles de figuier du *Louvre* et du *Bon Marché* n'affolassent pas les femmes comme vous. Il n'y a pas de fortune qui résisterait à ces batailles-là. Encore s'il n'y avait que des robes; mais hier vous avez acheté, si je ne me trompe, douze douzaine de paires de bas.

— C'était pour avoir toutes les nuances, et d'ailleurs on me les a donnés pour rien, il y en a une paire à quatre francs cinquante.

Le duc venait de payer la facture des bas qui était de 1,784 fr. 50.

— C'est vrai, dit-il en souriant et en rengainant sa pointe de mécontentement, quatre francs cinquante centimes. J'espère que vous voilà chaussée pour longtemps.

— Il faut que j'aille aujourd'hui essayer des bottines.

— Est-ce que vous en prendrez douze douzaines de ces petites merveilles?

— Dieu m'en garde! Mais vous savez qu'on ne

peut pas aller deux fois au bal avec la même chaussure.

— Comment donc! Cela vous ferait mal aux pieds.

— C'est vous, mon cher mari, qui n'êtes pas sérieux.

— Non, je ne suis pas sérieux; mais je le deviendrai, grâce à vous.

On s'embrassa sans rancune. Mais le duc jugea qu'il n'avait pas une heure à perdre pour conjurer la ruine. Il n'y a pas de fortune qui tienne devant une femme qui a la folie furieuse des chiffons.

La folie des diamants et des perles est une folie douce comme la folie des tableaux et des livres, parce qu'on retrouve son argent dans les jours de désastres; mais la folie des chiffons est le chemin de la ruine.

Voilà ce que se disait le duc, en homme bien avisé qui avait vu les femmes à l'œuvre. Mais comment arrêter sa femme?

Mademoiselle Rosa, qui n'était pas bête, lui donna une idée qu'un auteur dramatique pourrait mettre en scène. Il commença par ne pas payer ses contributions. Le papier rose succéda vite au papier vert, puis la saisie.

— Comment! s'écria la duchesse, vous ne payez pas vos contributions?

— Oui, dit le duc, je suis un mauvais citoyen. Que voulez-vous, j'ai perdu au jeu l'argent des contributions.

Le duc alla chez son avoué.

— Mon cher monsieur, il paraît que j'ai beaucoup de dettes. Pour me sauvegarder moi-même, vous allez tous les jours m'envoyer un protêt ou une opposition.

— Mais il me faudrait des titres contre vous.

— C'est votre affaire, inventez-en, il y a péril en la demeure. La vue du papier timbré m'empêchera de faire des sottises.

Naturellement le duc ne parla pas de sa femme.

Après quelques résistances l'avoué consentit à faire ce que voulait le duc. Le lendemain, à l'heure du dîner on recevait du papier timbré.

— Qu'est-ce que cela ? demanda la duchesse.

— Cela, ma chère amie, dit le duc en froissant le protêt imaginaire, c'est un acte d'huissier.

— Comment ! ces gens-là se permettent de venir jusqu'ici ?

— Pourquoi pas, si je me permets de ne pas payer mes dettes ?

— Comment, vous avez des dettes ?

— Qui n'en a pas ? Vous-même vous avez bien quelques factures à payer ?

— Oui, mais on n'oserait jamais m'envoyer de papier timbré.

— Vous voyez qu'on ne se gêne pas pour moi !

La duchesse devint méditative.

— C'est bien, pensa le duc, cela lui donnera à réfléchir.

Le lendemain ce fut une opposition.

— Encore ! s'écria la duchesse.

— Toujours, répondit le duc, que voulez-vous, il faut s'habituer à tout. C'est ma faute ; pendant que vous allez au *Bon Marché,* je vais au club, vous jouez sur le velours et moi je joue sur mes pertes. Mais n'en parlons plus.

— Parlons-en ! Est-ce que vous avez des inquiétudes ?

— Oui et non, des orages ; après la pluie vient le beau temps.

— Et moi qui voulais aller aujourd'hui acheter une robe de Lyon, une merveille de broderies. Tous les portraits de la cour de Louis XVI, voilà qui sera bien porté !

— Si c'est si joli que ça, pourquoi vous priver de cette robe ? Je vous en prie, achetez-la.

— On m'a parlé de trois mille neuf cents francs.

— C'est une misère, mais j'ai peur de la façon.

—Oh! à peine mille francs. Worth me demanderait douze cents francs, mais je la donnerai à un autre.

— Bravo ! voilà une économie de deux cents francs : nous finirons par faire une bonne maison.

La duchesse ne put résister à « inaugurer » cette robe féerique dont parlèrent tous les chroniqueurs. Mais comme le lendemain il arriva deux papiers timbrés au lieu d'un, elle jura d'être huit jours sans aller au *Bon Marché*, — ainsi nommé par antiphrase, disait le duc. — Aussi commençait-il à se rassurer.

— Bravo ! Rosa, vous sauverez ma femme.

Par malheur, un poignard s'en vint tout gâter.

On n'a peut-être pas oublié que le duc de Parisis, dans ses grands jours, avait pris l'habitude de marquer ses conquêtes en piquant un petit poignard d'or dans la chevelure des femmes. Ce qui a compromis en ce temps-là plus d'une grande dame parce qu'elle s'imaginait que le poignard avait été cisclé à un seul exemplaire. C'était un joli bijou, digne de Benvenuto Cellini. On n'eût pas prêté là-dessus grand'chose au Mont-de-Piété, mais déjà aujourd'hui, dans les ventes publiques, les poignards Parisis montent à un haut prix. Le duc ne s'imaginait pas qu'il ferait école; mais si d'une part les mœurs font les romans, par contre les romans font les mœurs, si bien qu'aujourd'hui, en Angleterre, en Amérique, à Pétersbourg, à Vienne, à Florence, quelques-uns de ces messieurs piquent d'un poignard d'or la chevelure de leurs victimes [1].

Or, pour le malheur du duc — et de la duchesse — il vint alors à Paris un prince étranger qui avait pris la mode des poignards d'or et qui en avait abusé dans son futur royaume. Il trouvait cela amusant de marquer ainsi ses victoires. Ce n'était pas des coups d'épée dans l'eau, mais des coups d'épée dans les cheveux.

Il y a beaucoup de femmes dans le monde qui ne sont que des vertus aléatoires. Quelques-unes succombent, parce qu'il leur faut beaucoup d'argent — c'est le *Vous m'en direz tant!* de la femme de Louis XV. — Quelques autres n'ont pas la force de

---

[1]. Celles qui ont lu les *Grandes Dames*, se dépêchent bien vite de cacher le poignard d'or dans leurs reliques ; elles n'ont garde de se montrer au grand jour avec cette marque de vertu. L'une d'elles m'écrivait ces jours-ci :

« Mon cher conteur,

» Vous savez que vos poignards courent le monde ; si je » voulais en faire collection, j'ai autour de moi des gens qui » ne demandent qu'à m'enrichir ; mais j'aime mieux les voir » aux autres. »

résister aux grands de ce monde. Elles se figurent naïvement qu'il leur sera beaucoup pardonné parce qu'elles ont aimé des princes.

Ce fut ce qui arriva à la duchesse. Quand un fils de roi, presque roi lui-même, vint se jeter à ses pieds, l'orgueil tua en elle le sentiment de la dignité.

Voilà pourquoi la duchesse, dont on vantait l'inattaquable vertu dans les salons les plus sceptiques, fit, comme font d'autres de ses amies, beaucoup moins grandes dames, une chute par surprise. Elle s'imaginait volontiers que ce serait un secret entre elle et le prince — je ne dirai pas entre elle et Dieu, car Dieu ne daigne pas voir les femmes qui tombent — mais voici ce qui arriva :

La duchesse était rentrée le soir pendant que son mari s'attardait au cercle. Elle n'avait qu'une idée : se jeter à son prie-Dieu pour blanchir son âme ; courir à sa toilette et se refaire le visage ; dompter ses cheveux, mettre un peu de blanc sur ses joues, un peu de carmin sur ses lèvres, étudier une expression de sérénité pour le retour du duc, en un mot se dégager de toute cette atmosphère passionnée où elle avait respiré l'amour.

Au fond elle n'aimait pas le prince. Elle aimait mieux son mari ; elle avait obéi à la force des choses, presque inconsciemment. C'était l'heure du diable, mais elle revenait au bon Dieu.

Rosa était toujours dans le cabinet de toilette quand la duchesse partait ou quand elle rentrait. On lui trouvait une main de fée pour habiller et déshabiller.

Ce soir-là le duc rentra plus tôt que de coutume. Il était gai, il avait faim, il voulut souper. La duchesse se mit à table avec toute la grâce du monde, plus souriante et plus tendre que jamais.

Tout allait comme dans un conte de fées, le mari charmant, la femme adorable.

Par malheur, Rosa, comme une folle qu'elle était, entra dans la salle à manger en s'écriant :

— Oh! le joli poignard d'or que je viens de trouver dans les cheveux de madame la duchesse !

Jamais, — depuis que la foudre épouvante les mondes, — un pareil coup de théâtre ne fit bondir un mari et une femme.

C'est que tous les deux savaient l'histoire des poignards d'or.

La duchesse rougit jusqu'aux oreilles. Le duc monta sur ses grands chevaux, emporté par une jalousie terrible. Il jeta un couteau à sa femme :

— Tenez, madame, puisque le prince vous a mis

un poignard dans les cheveux, il ne vous reste qu'à vous mettre ce couteau dans le cœur.

La duchesse entendit mal, parce qu'elle tomba évanouie. Rosa se précipita pour la prendre dans ses bras.

Ce fut tout un drame dans l'hôtel. Rosa ne dit pas un mot, ni du poignard ni du couteau, mais elle eut la fièvre toute la nuit, debout au lit de la duchesse, qui elle-même avait la fièvre.

La pécheresse était tombée dans un tel abattement qu'elle semblait ne pas voir et ne pas entendre.

Le duc bouclait ses malles, décidé à fuir cette maison où il n'y avait plus ni honneur ni bonheur.

La duchesse comprit que tout allait être fini entre elle et lui. Elle courut à son mari, se jeta à ses pieds et pleura des larmes si vraies qu'il fut touché et pardonna.

Il pardonna comme on pardonne, avec l'amertume qui monte toujours au cœur dans les meilleurs battements amoureux.

C'est Rosa à qui on ne pardonna pas — ni l'un ni l'autre. — Naturellement on ne lui donna pas d'explications. On la mit à la porte avec une poignée d'or.

Elle n'en revenait pas. Pourquoi un si joli poignard d'or avait-il joué un jeu si tragique ?

Quand je dis qu'on ne lui donna pas d'explications, je me trompe, on daigna lui dire que ce poignard d'or, qui était un ancien cadeau du duc à sa femme, portait malheur au duc chaque fois qu'elle le mettait dans ses cheveux. Si bien que lui, qui était très colère, avait jeté un couteau à la duchesse, croyant qu'elle n'avait repris le poignard que par un jeu cruel.

Rosa n'en crut pas un mot, mais voilà tout ce qu'elle gagna à sauver la fortune du mari.

XXIX

LA COMÉDIE DE L'IMPRÉVU

Autre scène de la vie parisienne :

Dans son va-et-vient, mademoiselle Rosa recherchait la bonne compagnie : elle ne voulait servir que les femmes mariées, mais non plus en rupture de ban. Et puis le pavillon couvre la marchandise.

Un jour pourtant qu'elle ne trouva pas droit de cité chez les femmes légitimes, elle se risqua chez les demoiselles à la mode. Il faut bien vivre. Et puis Rosa se disait comme dans la chanson : On n'en meurt pas pour cela.

Elle entra donc chez mademoiselle Antonia, bien connue dans le demi-monde.

Comme vous n'êtes pas du demi-monde, madame,

je vais vous dépeindre en deux mots cette demoiselle.

Elle s'appelait Antoinette de par le baptême ; elle était née sur un bateau de blanchisseuses. Elle avait tenu le battoir jusqu'à sa quinzième année, comme d'autres tiennent la plume pour apprendre à écrire.

Antonia ne savait même pas lire, cela se voit dans son monde à elle. Elle n'en avait pas moins de l'esprit — de l'esprit à la diable — avec un vocable « javanais ». Quand elle ne trouvait pas le mot, elle le créait.

Elle avait, selon son expression, « dévalé » par un premier amour avec un navigateur d'eau douce qui l'avait enlevée de son bateau de blanchisseuses.

Après cette pleine eau, elle était remontée sur la rive, repêchée par un étudiant en droit qui l'avait initiée à tous les mystères de la chicane, aussi était-elle batailleuse en diable. Il fallait la voir se dire des douceurs avec les dames de sa condition. On aurait payé sa place à ce spectacle.

Elle prit rapidement ses grades à l'École ; elle passa de la Closerie des Lilas au Skating et autres salons du meilleur monde. De plus en plus jolie, de plus en plus insolente, bonne fille d'ailleurs pour sa mère, dont elle était la meilleure pratique.

Aussi la bonne femme, toute fière d'avoir si bien

élevé sa fille pour les grandeurs, disait-elle avec vanité : « Si j'en avais seulement deux comme ça, j'aurais du pain sur la planche. Croiriez-vous qu'Antoinette me donne à blanchir, à elle toute seule, autant de linge que sept femmes du monde ? »

Antonia en était-elle plus propre pour cela ?

Quand je vous aurai dit que mademoiselle Antonia, bon pied, bon œil, avait le nez à la Roxelane, une peau de satin, une bouche mordante, une chevelure désordonnée, une désinvolture de comédienne, des mains de battoir, vous aurez le portrait physique comme vous aurez le portrait moral.

C'était surtout par son éloquence qu'elle prenait les hommes. Il en est qui aiment la femme bruyante, comme il en est qui aiment la femme silencieuse. Le moulin à paroles a toujours réussi dans le monde.

Quand mademoiselle Rosa entra chez mademoiselle Antonia, cette ci-devant blanchisseuse était à son zénith : petit hôtel rue de Prony, un cheval de selle, un cheval pour la traîner au Bois toute couchée dans sa victoria, une cuisinière qui passait pour un cordon-bleu.

Et tout ce qu'il faut pour écrire, seulement mademoiselle Antonia ne savait pas écrire.

Aussi mademoiselle Rosa était-elle à peine en

fonctions depuis une heure — quatre-vingts francs par mois, les vieilles robes de madame, les contributions de l'antichambre — que la maîtresse lui dit d'un air distrait :

— Tenez, Rosa, lisez-moi donc cette lettre.

— Pourquoi, madame?

— Parce que je ne veux pas me brouiller les yeux.

Rosa n'en demanda pas davantage. Elle lut la lettre. C'était une invitation à dîner d'un prince étranger, dîner à la *Cascade* en belle compagnie, je veux dire en mauvaise compagnie.

C'était le même prince aux poignards d'or qui allait, sans les distinguer, de la duchesse à la drôlesse. Il paraît que c'est la haute école.

Quand la lettre fut lue :

— Eh ! bien, Rosa, prenez la plume.

— Comment ! madame n'écrit pas elle-même ?

— Ma foi non, je me mettrais de l'encre aux doigts ; d'ailleurs vous saurez qu'en n'écrivant pas soi-même, on ne se compromet jamais.

Rosa pensa que c'était là une femme forte, elle n'avait pas vu le dessous des cartes.

Elle s'aperçut bientôt que tout ce luxe n'était qu'à la surface : on payait mal le cocher, on ne payait pas la cuisinière, on devait à tout le monde.

La dame n'avait d'argent comptant que pour acheter des gants ou pour donner dix sous à un pauvre. Un jour même Antonia demanda à Rosa si elle n'avait pas vingt-cinq louis à lui prêter, sous prétexte qu'elle avait perdu la veille au jeu, — quoiqu'elle n'eût pas joué.

— Madame, si j'avais vingt-cinq louis, dit Rosa avec son insouciance et son franc parler, je ne serais pas ici.

— Oh! mon Dieu, n'allez-vous pas dire que vous seriez chez vous!

— Pourquoi pas, madame; le soleil luit pour tout le monde !

— Allons donc! ce soleil-là vous ferait loucher.

— Vous avez raison; il faut être née là dedans.

Et Rosa ajouta à mi-voix : — Pour mettre les autres dedans.

Pendant quelques jours on se dit de part et d'autre de rudes impertinences. Rosa ne cédait pas pied. Mais mademoiselle Antonia avait peur de ne plus retrouver un si beau style et une si belle écriture, car Rosa avait été première à l'école d'Aubigny-les-Vignes. Antonia, qui avait une forte correspondance, recevait beaucoup de compliments, d'autant plus que Rosa s'évertuait à lui trouver les papiers et les enveloppes le plus à la mode. On commençait à dire : « Cette Antonia fait bien tout ce qu'elle fait. » Et on se montrait d'adorables lettres cachetées avec de la cire bleue et nouées par un ruban rose.

Quelques-uns de ces messieurs, les plus sceptiques, disaient, il est vrai :

— C'est sa femme de chambre qui nous dit toutes ces jolies choses. Quel dommage que Rosa n'ait pas les chevaux d'Antonia !

Juste retour des choses d'ici-bas. Voilà qu'un jour les créanciers se fâchent : saisie, contre-saisie, archi-saisie. C'est en vain que mademoiselle Antonia bat le ban et l'arrière-ban de ses amitiés ; il faudrait un miracle pour la sauver. Tous ces messieurs sont à la chasse ou aux courses. La demoiselle n'est pas obstinée : elle a perdu la bataille, elle prendra sa revanche ; en attendant, elle décampe, emportant tout ce qu'elle peut, car elle est gardienne des scellés.

Elle voudrait bien partir avec ses chevaux, mais il y a si longtemps déjà qu'elle ne paye plus l'avoine ! Elle essaye d'emmener Rosa avec elle.

— Où, madame ?

— Est-ce que je sais ?

— Je n'aime pas ce pays-là.

— Vous êtes trop bête.

— Madame ne l'est pas assez.

On se dit adieu en s'injuriant un peu.

Ce fut alors Rosa qui fut nommée gardienne des scellés.

Le jour de la vente, un des amoureux d'Antonia vint, croyant racheter presque pour rien ce qui lui avait coûté si cher.

— Que ferez-vous de tout cela? lui demanda Rosa.

— C'est vrai que je vais encore faire une bêtise, dit le monsieur en se tordant la moustache.

Et regardant la Champenoise du coin de l'œil :

— A moins que je ne rachète pour vous tout ce que j'ai donné à Antonia.

— Vous pourriez plus mal faire, répondit Rosa.

Et comme elle aimait à rire, elle ajouta :

— A une condition : c'est que, quand je serai ici chez moi, vous me donnerez ma maîtresse pour femme de chambre.

— Rien que cela.

— Oh! mon Dieu, oui. Me trouvez-vous moins jolie que mademoiselle Antonia? Elle, au moins, n'aurait pas la peine d'écrire mes lettres.

— C'était donc vous qui écriviez les siennes?

— Je n'étais ici que pour ça.

— Je m'en doutais.

Ce talent de Rosa décida l'amoureux.

— Je ne m'en dédis pas, dit-il. Je vous rachète tout ce qui est ici.

Rosa garda le silence. Elle avait résisté à bien des propositions plus ou moins tentantes; mais celle-ci lui parut plus originale.

Elle se retint pourtant aux branches.

— Vous aimiez trop mademoiselle Antonia.

— Allons donc, ç'a été un feu de paille.

— Alors, c'est fini depuis la Saint-Jean?

— Mon Dieu, oui ; il y a six mois que j'ai coupé cette fièvre-là.

— Une fièvre pernicieuse.

— Voyons, jouons cette comédie?

Rosa riait.

— Ma foi, vous êtes bon diable. Pourquoi pas?

Et elle ajouta :

— Si vous m'aimez?

L'ex-amoureux de la blanchisseuse conduisit Rosa devant le plus beau miroir d'Antonia.

—Si je vous aime? regardez plutôt cette figure-là!

C'était du dernier galant.

Et voilà comment Rosa descendit de son état de femme de chambre à celui de demoiselle à la mode.

Rosa, depuis sa mésaventure avec le prince,

avait juré, coûte que coûte, de ne plus se laisser reprendre à ces misères dorées.

Elle se sentait plus fière et plus riche en s'appuyant sur sa conscience. Mais elle fut aveuglée par la rouerie du hasard.

Combien de femmes qui resteraient honnêtes toute leur vie si l'amour ne jouait pas, pour les prendre, la comédie de l'imprévu!

XXX

LA CHRYSALIDE ET LE PAPILLON

Toutes les jolies filles qui s'égarent à Paris ont mille et un jours de bonne fortune, mais elles n'ont presque toutes qu'un jour de fortune, sans parler des années de misère. Rosa avait fini par entendre sonner l'heure dorée.

Il y avait déjà quelque temps qu'elle avait fait le sacrifice de sa vertu sans être plus riche pour cela. On l'avait prise et reprise sans s'attacher à elle et sans lui donner cette célébrité qui sauve les femmes de mauvaises mœurs; cette célébrité qui a fait dire à un philosophe de mes amis : « Les femmes galantes qui sont connues sont des billets à ordre qui prennent d'autant plus de valeur qu'ils ont plus de signatures. »

Rosa ne devint pas célèbre si ce n'est dans quelques soupers où elle faisait sauter le bouchon de son esprit, car elle en avait et du meilleur dans la langue verte, mais, heureusement pour elle, elle rencontra, chez une de ses amies, un jeune secrétaire d'ambassade qui avait passé trois ans à l'étranger et qui avait soif de l'amour à la française; avec Rosa ce fut l'amour à la champenoise et à la parisienne.

Il fut charmé de cette figure ouverte et souriante, de cette gaieté native que les jours les plus tristes n'avaient pu embrumer. Il sentit qu'il y avait là une vraie femme de toutes les heures, une femme pour aimer chez soi et pour aimer au dehors. On ne s'ennuyait jamais avec Rosa dans le tête-à-tête, et on pouvait se risquer avec elle dans la mauvaise compagnie, parce qu'elle s'était modelée dans le style des hautes cocottes : rien n'est impossible à la femme, même à la paysanne, même à la Champenoise, pourvu toutefois qu'elle s'y prenne de bonne heure.

Le secrétaire d'ambassade fut d'autant plus généreux que Rosa ne lui demandait rien.

Comme il avait un congé d'un an, il voulut le

passer selon son cœur et selon sa passion. Il loua et meubla pour Rosa un appartement au boulevard Malesherbes; total : cent mille francs pour la première année, ce qui n'était pas d'ailleurs une grande folie pour sa fortune.

Il ne donna pas de chevaux à Rosa, mais il s'arrangea pour que les chevaux loués fussent, comme le cocher et le groom, du meilleur air. Si bien que tout d'un coup la chenille se fit papillon, Rosa sortit de sa chrysalide avec des ailes d'or.

On ne la jalousa guère, car elle était bonne fille et bonne camarade; elle fit les honneurs de chez elle avec toutes sortes de bonnes grâces apprises, mais naturelles. Elle ne se mêla plus à la tourbe des filles galantes, on ne la vit plus apparaître que çà et là au bois de Boulogne, ou dans les avant-scènes des petits théâtres, un peu plus la femme galante disparaissait sous la mariée de la main gauche.

Elle ne cachait point sa vie parce qu'elle n'avait rien à cacher, selon son expression; ni père ni mère, que lui restait-il? Ses sœurs peut-être, mais elle n'avait pu les retrouver. Elle se promettait toujours de faire un tour à Aubigny-les-Vignes, ne fût-ce que pour aller prier dans le cimetière sur le tombeau de sa fille. Ce qui l'en empêchait depuis longtemps, c'est qu'elle ne savait comment s'habiller pour aller là. Si elle s'habillait en Champenoise, on ne manquerait pas de lui dire : « C'était bien la peine de se mal conduire !» Si elle s'habillait en fille galante, peut-être se détournerait-on quand elle tendrait la main. « Et puis, disait-elle, qui pense à moi là-bas ? on se demandera ce que je viens faire. »

Elle aurait bien voulu rencontrer à Paris des gens de son pays, mais elle ne vivait pas dans un milieu très accessible aux Champenois. La vérité, c'est qu'elle n'avait encore vu âme qui vive d'Aubigny-les-Vignes depuis son arrivée à Paris.

Dans ses promenades au Bois, Rosa attachait ses regards sur tous les enfants qui jouaient au bord du lac. Chaque fois qu'une petite fille lui apparaissait, secouant ses cheveux dorés et la regardant de ses yeux bleus, elle contenait ses larmes et murmurait le nom de sa fille.

— Je n'ai pas de cœur, disait-elle. Je devrais aller baiser la terre qui couvre ma petite Rosette.

Mais les emportements de la passion et du luxe la jetaient plus loin dans ses affolements, aussi remettait-elle toujours au lendemain le devoir et le plaisir d'être mère.

Mais le jour où elle pensait sérieusement à sa fille, il ne fallait pas *l'embêter*, suivant son expression. On était mal venu à faire du sentiment avec elle. Il fallait qu'elle se tînt à quatre pour ne pas mettre les amoureux à la porte ; ce qui lui arriva plus d'une fois. Ainsi, un jour, elle fut si impertinente et si fâcheuse qu'elle se brouilla avec un prince en *off* qui avait vécu avec elle.

— Pourquoi t'es-tu brouillée avec lui? demanda une de ses amies.

— Parce qu'il a une fille et qu'il ne l'aime pas.

— Et toi ?

— Moi je n'avais pas cent mille livres de rente pour garder ma fille.

— S'il te fallait de l'argent pour aimer ta fille, c'est que tu ne l'aimais pas.

L'amie avait raison : Rosa se mit à pleurer.

XXXI

ROSA, ROSETTE ET ROSINE

C'était la veille de Noël.

Rosa rencontra une vieille dame qui traînait une petite fille rieuse, laquelle l'impatientait en s'arrêtant à chaque boutique.

On avait dit à l'enfant que ce jour-là toutes celles qui ouvraient leurs mains recevaient des joujoux du bonhomme Noël. Mais la vieille dame n'avait pas d'argent pour faire des avances au bonhomme Noël.

Rosa comprit parce qu'elle pensait toujours à Rosette.

— Elle est bien jolie, madame, cette petite fille;

je vois bien ce qu'elle veut, permettez-moi de lui offrir une poupée.

— Vous êtes bien gracieuse, madame, mais il ne faut pas écouter les enfants.

La petite fille voulait sauter au cou de Rosa, aussi Rosa ne fit pas de façon pour la prendre dans ses bras.

— Comment t'appelles-tu ?

— Rosine.

— Quelle bonne rencontre! moi je m'appelle Rosa.

Rosa embrassa Rosine.

— C'est le nom de sa mère que j'ai perdue, il y a deux ans, dit la vieille dame.

On était entré chez une marchande de jouets.

— Quel âge a-t-elle ? demanda Rosa.

— Cinq ans, dit la petite fille de sa voix fraîche et douce.

— C'est étrange, pensa Rosa ; c'est tout juste l'âge que ma fille aurait aujourd'hui.

Elle se détourna pour cacher deux larmes.

C'est que la petite Rosine lui semblait le portrait de son enfant: mêmes cheveux, mêmes yeux, même blancheur rosée.

Rosine avait déjà choisi deux poupées.

— Quelle est celle que tu aimes le mieux ?

— Toutes les deux.

Rosa se hâta de payer les deux poupées.

— Que vous êtes bonne ! madame, dit la grand'-mère, car pour moi je n'ai pas de quoi lui acheter des poupées : en voilà pour deux ans.

On était déjà sur le boulevard. Rosine portait à chaque bras une de ses poupées, elle rayonnait de joie.

La grand'mère, quoique distraite dans sa misère, conta en quelques mots à Rosa tous les malheurs de sa vie.

Elle avait commencé par perdre sa petite fortune dans un mauvais mariage. Sa fille, qu'elle avait mise au Conservatoire, s'était envolée un beau matin avec un futur comédien. Les jeunes gens étaient partis pour l'Amérique dans une troupe d'occasion. Après des pérégrinations sans nombre, sa fille lui était revenue avec sa dernière chemise, tout juste pour accoucher de Rosine.

Après deux années de va-et-vient la pauvre comédienne était morte à la peine.

— Mais morte en Dieu, dit la mère avec expression, comme si cette mort chrétienne l'eût un peu consolée.

Elle poursuivit ainsi :

— J'aime beaucoup ma petite-fille, mais il me

faudra aussi mourir à la peine, car je n'ai plus de famille et je n'ai plus de ressource.

—Madame, dit Rosa, j'ai gagné hier au jeu, voulez-vous me permettre de partager avec vous ? Voici votre part.

Et, sans laisser à la dame le temps de répondre, elle lui mit dans la main un billet de cent francs.

— Voulez-vous me dire où vous demeurez, j'irai embrasser Rosine.

La dame demeurait aux Ternes, rue de l'Étoile, presque dans un grenier où elle s'était réfugiée à la mort de sa fille.

Rosa, qui avait reconnu là une femme bien élevée, souffrit beaucoup de cette déchéance. A sa troisième ascencion dans la mansarde, elle dit à la dame :

— Vous ne pouvez pas continuer à demeurer ici ; j'ai été si malheureuse moi-même que je comprends vos peines ; donnez-moi votre petite-fille ; je ne vis pas comme une sainte, mais je ne suis pas une mauvaise créature ; je payerai votre pension dans une maison de refuge où nous irons vous voir toutes les semaines. Est-ce dit ? Si je vous propose cela, c'est que j'avais moi-même une enfant que j'ai perdue : elle s'appelait Rosette ; Rosine remplacera Rosette.

La vieille dame fit quelques façons : elle comprit bien que Rosa ne vivait pas dans le château fort de la vertu, mais contre la misère il n'y a pas de résistance.

— Et puis, se dit-elle à elle-même, j'avais si bien élevé ma fille dans les principes les plus sévères, à quoi cela a-t-il servi ?

Elle finit par accepter ce que lui offrit Rosa.

Huit jours après la petite Rosine avait sa chambre chez la courtisane. Quinze jours après Rosa s'imaginait qu'elle avait retrouvé sa fille, ce qui jeta beaucoup de joie dans la maison.

Rosa demeurait alors boulevard Malesherbes dans un appartement à balcon ; elle se promit d'y planter tout un jardin à la belle saison pour les plaisirs de Rosine ; en attendant, elle voulut que la chambre de l'enfant fût tout un petit paradis, le paradis des joujoux.

La courtisane fut exquise pour Rosine. Elle avait alors pour protecteur le secrétaire d'ambassade ; elle le tenait à distance dès que Rosine apparaissait ; pour l'enfant, c'était un étranger qui venait fumer des cigarettes avec Rosa. Si elle avait du monde à dîner, Rosine dînait dans sa chambre ; elle ne devait jamais venir voir Rosa que si Rosa la demandait. Quand elle sortait avec elle, c'était toujours dans son coupé pour n'avoir pas l'occasion de rencontrer des amies tapageuses qui eussent trop tôt appris à Rosine la grammaire des coquines.

Rosa était si heureuse par Rosine qu'elle se demandait comment les femmes qui s'ennuient dans le luxe ne se payaient pas toujours le luxe d'un enfant. Pour celles qui n'ont point de religion, qui rayent le passé et l'avenir pour vivre au jour le jour, un enfant c'est Dieu dans la maison.

La mère de Rosette se demanda bientôt comment elle avait pu s'attacher si vite à une fille qui n'était pas son sang.

— C'est pourtant tout naturel, pensa-t-elle en souriant, puisque tous les jours des filles comme moi se prennent à aimer des chiens comme s'ils étaient de leur famille.

Il y avait pourtant un point noir, c'est que Rosine, toute gentille qu'elle était, n'avait pas pour Rosa les caresses des enfants pour leur mère.

— M'aimes-tu bien, Rosine ?

— Oui, tu me donnes de si belles robes !

Et Rosa pleurait sa fille, car elle se disait que sa fille l'eût aimée avec des robes d'indienne.

XXXII

LES VENDANGES

La grand'mère de Rosine pria un jour Rosa de lui donner sa petite-fille pour la saison des vendanges. Elle avait une sœur à Vouvray qui l'engageait dans une lettre à venir faire la vendange avec sa petite-fille.

— Voyez-vous, madame, c'est la seule occasion que j'aie de revoir mon pays avant de mourir. Je serais bien heureuse d'y aller avec Rosine, je vous promets que ce ne sera pas un long voyage, deux ou trois semaines tout au plus.

Rosa s'attrista à cette prière, mais elle ne pouvait refuser; un moment elle eut l'idée de faire le voyage, mais elle jugea qu'elle ne ferait pas bonne figure là-bas.

Elle donna un billet de cinq cents francs à la grand'mère et lui recommanda sa chère fillette, en lui disant qu'elle aimerait mieux mourir que de ne pas la revoir.

Dès l'arrivée à Vouvray, Rosine lui écrivit sous la main de sa grand'mère une petite lettre très gentille par la naïveté ; la grand'mère avait conduit la plume sans conduire l'esprit. « Petite maman, » je t'aime bien. J'ai perdu ma poupée dans les » vignes ; tu m'en donneras une autre belle, comme » toi. J'ai vendangé dans mon panier à fleurs, » pour te porter les plus belles grappes. Embrasse » mon mimi qui dort toujours. Par ici les chats » sont mal habillés.

» Rosinette. »

Ce fut pendant ce voyage que se passa un grand événement dans la vie de Rosa.

XXXIII

NOUVELLES DE PARIS

Pour le forgeron une année se passa encore dans les larmes, mais la petite Rosette chassait les nuées et le forçait à sourire.

Il travaillait pour oublier et pour faire une dot à sa fille.

Et toujours point de nouvelles de Rosa. Un jour pourtant on eut comme un écho de sa vie à Paris.

Ce M. de La Tour, « qui aurait pu s'appeler la Tour du Pin, disait Cécile, la sœur de Rosa, si ses ancêtres eussent planté un pin sur sa tour ; » ce gentilhomme champenois, qui demeurait dans la vallée d'Aubigny-les-Vignes et qui avait cueilli quelques fleurettes sous les pas de Cécile, peut-être à son corsage, comme à la belle Dijonnaise, écrivit de Paris, où il allait çà et là faire le beau.

Cette lettre, sous le nom de *lettre perdue*, courut tout Aubigny-les-Vignes. Non seulement on se la passa de main en main, mais on la copia comme un modèle de style épistolaire :

« Tu n'as peut-être pas oublié que mademoiselle
» Rosa Moustier, une des trois filles du Cabaret,
» n'avait pas très bien retrouvé son chemin au
» retour de la fête à Aulnay-les-Bois? Elle s'était
» égarée dans les broussailles du sentier perdu avec
» Pierre Lemaître, un beau forgeron d'Aubigny-
» les-Vignes qui n'avait pas allumé sa forge ce soir-
» là pour servir de phare.

» Ainsi va le monde !

» Voilà pourquoi un jour mademoiselle Rosa,
» qui travaillait comme une fée dans la boutique
» de modes de sa sœur Cécile, s'envola vers Paris,
» le grand effaceur de péchés, ou plutôt le grand
» sceptique, qui ne rougit plus de rien.

» C'est que Paris met en pratique cette pensée
» d'un philosophe : « Il faut traverser le mal pour
» arriver au bien. » Mais combien qui traversent
» le mal pour arriver au mal !

» C'est l'histoire de mademoiselle Rosa que tu
» retrouveras à Paris grande ou petite cocotte. »

Le forgeron lut la lettre, comme tout le monde, et parla « de mettre sa main sur la figure à M. de La Tour ».

Il n'y avait pas de quoi. Aussi eut-il raison de se tenir coi.

Presque en même temps il reçut une lettre de Paris qui lui fit plus d'impression.

C'était dans un souper que donnait une de ces dames pour faire jouer ses convives, que Rosa avait rencontré M. Gontran de La Tour.

Ce Gontran fut très suppliant devers Rosa. Il paraît qu'il avait déjà conquis sa sœur Cécile, mais, selon son expression, il aurait bien voulu effeuiller la plus belle des Roses.

Mais Rosa le renvoya à son château.

Dans ses folies elle avait encore des rébellions de pudeur, il lui semblait que c'était plus mal encore d'être la maîtresse d'un homme de son pays.

Le gentillâtre lui demanda, en vrai provincial qu'il était, comment elle était arrivée si haut.

— Vous voulez dire si bas? dit Rosa tristement.

— Non, je trouve cela superbe de faire la loi dans le monde des cocottes. Je suis curieux de savoir par quel chemin.

— Ce n'est pas si gai que vous croyez : j'ai quitté mon pays parce qu'on me montrait au doigt. Était-ce bien ma faute? j'avais eu cinq minutes d'égarement, affolée que j'étais par ce forgeron. Le coupable, c'est lui, il me fallait donc cacher ma faute. Je suis venue à Paris, avec l'idée bien arrêtée d'être désormais une honnête fille.

— Singulière idée.

— Ce n'est pas la première faute, c'est la seconde qui perd les femmes.

— Vous parlez comme l'Évangile.

— J'étais encore une brave femme de chambre, mais ma maîtresse me mit à la porte quand elle reconnut que j'allais devenir mère, comme si c'était là le dernier des crimes. J'ai voulu me venger en me donnant à un prince qui venait chez elle et qui me trouvait plus jolie que la maîtresse de la maison. Le prince m'a quittée parce que je n'étais pas assez princesse pour lui; j'ai juré de ne plus me laisser reprendre. Après mes couches, ayant traversé la misère la plus noire, je redevins femme de chambre comme devant, mais voilà qu'un jour une de ces dames, qui sans doute avait été rosière, me fit un crime d'avoir eu un enfant et me jeta à la porte comme la dernière des dernières. Cette dame ne se faisait pas un crime à elle-même d'avoir deux amants. Que voulez-vous? c'est ainsi. En France on n'a pas assez de pierres à jeter aux pauvres filles qui ne savent rien de la vie et qui font un enfant, sans savoir ce qu'elles font. Moi je serais plus chrétienne que ça, la première charité serait pour la fille trompée qui ne sait ou cacher sa faute.

— C'est bien ce que vous dites là, dit M. de La Tour, si jamais je fais bâtir un hôpital pour mes péchés, ce sera l'hospice des enfants naturels. Ce qui supprimera tous les infanticides.

Rosa allait questionner M. de La Tour sur Aubigny les-Vignes; mais il était venu à cette petite fête avec une comédienne de l'Athénée qui lui prit le bras et l'enleva par jalousie.

XXXIV

PROMENADE AU BOIS DE BOULOGNE.

Le forgeron reçut une autre lettre de Paris qui lui fit plus d'impression :
C'était de mademoiselle Éléonore.

« Mon cher Monsieur,

» J'espérais aller au temps des vendanges dans
» notre pays ; mais noblesse oblige — je veux
» parler de la noblesse de robes. — Les modes d'au-
» tomne me retiennent à Paris, sous prétexte que
» j'ai des doigts de fée, disent ces dames. Mais tout
« ça vous est bien égal. Ce qui vous intéresse, c'est
» le sort de mademoiselle Rosa Moustier. Or, je
» sais maintenant de bonne source qu'elle n'est pas

» morte, parce qu'une de ses amies, qui chante aux
» Bouffes-Parisiens, m'a affirmé qu'elle l'avait
» vue ces jours-ci au théâtre. Il paraît qu'elle
» habite tour à tour Londres et Paris. C'est un
» fameux roman que le sien. C'est à vous à faire le
» dénouement, si vous avez bien du cœur à l'ou-
» vrage.

» Vous avez juré de ne la revoir jamais. Mais ce
» sont là des des serments d'ivrogne. Pourquoi ne
» pas rouvrir à votre charmante petite Rosette les
» bras de sa mère? La comédienne m'a dit que
» Rosa Moustier était la meilleure créature du
» monde.

» Donc, si vous avez quelques jours à perdre,
» venez à Paris, frappez à ma porte, toujours rue
» de la Tour-des-Dames, vous trouverez à qui
» parler.

» N'oubliez pas d'amener l'enfant, car il faut que
» Rosette joue son rôle, si nous sommes assez heu-
» reux pour retrouver sa mère, comme je l'espère;
» car, cette fois, nous brûlons.

» ÉLÉONORE. »

— Non, non, non. Je jure sur mon âme que je ne retournerai pas à Paris.

Serment d'ivrogne; car, dès que Pierre Lemaître

eut lu cette lettre, il prit Rosette dans ses bras, en lui disant :

— Veux-tu venir à Paris, ma chère petite fille ?

— Pour retrouver maman ?

— Oui, pour retrouver maman.

— Alors tu achèteras une belle poupée ?

Le forgeron pencha la tête et reprit tristement une clef qu'il limait.

C'est que la pensée de Saint-Lazare lui était revenue.

Quand il eut réfléchi, il dit en hochant la tête :

— Je fais bien des façons, mais elle en fera peut-être bien plus que moi. Si elle voyage de Paris à Londres, c'est qu'elle ne traîne pas la misère sans doute. Puisqu'elle est riche, elle n'a pas besoin de moi. Ah ! comme j'aurais été heureux de la retrouver sans ressources et de lui dire : « Me voilà ! »

Le forgeron décida qu'il n'irait pas à Paris ; mais, sans le vouloir, il fit bientôt ses préparatifs de départ ; seulement, comme il ne voulait plus qu'on se moquât de lui, il parla d'un petit voyage à Reims, où il devait forger une rampe en fer pour quelqu'un de la famille Jules Mumm.

Mais il ne s'arrêta même pas à Reims, il alla droit à Paris, rue de la Tour-des-Dames. Il arriva par le train du soir, à l'heure même où mademoiselle Éléonore rentrait chez elle.

— Écoutez, lui dit-elle en embrassant Rosette, je n'ai pas encore vu Rosa, mais, cette fois, vous ne vous en irez pas comme vous êtes venu, je vous en réponds.

— Vous ne savez pas où elle est? demanda le forgeron profondément ému.

— Non, je l'ai déjà cherchée au Grand-Hôtel, au Splendide-Hôtel, à l'hôtel d'Albion, dans les hôtels les plus chers, car je m'imagine qu'elle roule carrosse, d'après ce que m'a dit cette comédienne. Il paraît que son nom de guerre aujourd'hui, c'est *Rose des Champs*.

— Alors, si vous ne savez pas où elle est, nous allons encore perdre notre temps.

— Ne soyez pas trop impatient. Demain, je veux respirer un peu; nous irons nous promener aux Champs-Élysées, peut-être au Bois de Boulogne. Puisqu'elle s'appelle Rose des Champs, on nous la montrera, car le nom est bien connu. J'ai un clerc d'avoué de mes amis qui a dû aujourd'hui même poser des points d'interrogation à la préfecture de police. Si nous ne trouvons pas nous-mêmes, on trouvera pour nous.

Quand mademoiselle Éléonore fut restée seule,

elle regretta presque d'avoir rappelé le forgeron.
Elle avait obéi à un bon sentiment, mais elle allait
se créer peut-être beaucoup d'ennuis. D'ailleurs, ne
se faisait-elle pas illusion? La comédienne avait
pu se tromper. Que dirait cet homme rappelé par
elle, s'il lui fallait encore fouiller vainement tout
Paris?

Elle se jura de ne jamais plus obéir au premier
mouvement.

Le lendemain, à trois heures, Pierre Lemaître
était au rendez-vous, assis avec sa fille dans les
Champs-Élysées, tout comme un désœuvré qui pose
pour les passants. Il s'était payé comme à son premier voyage un costume complet chez un tailleur
célèbre par ses annonces. 49 francs ! 5 fr. de plus, il
eût boutonné sa redingote, mais il faut bien s'arrêter
dans son luxe.

On peut dire que pour l'homme aujourd'hui le
costume ne fait pas le moine. Sous l'habillement à
49 francs, c'était toujours le forgeron d'Aubigny-
les-Vignes. Il n'était qu'endimanché.

Mais, pour le même prix, il avait réussi à métamorphoser Rosette : c'était une vraie petite demoiselle de six ans; aussi faisait-elle déjà des manières
à cause de sa robe et à cause de Paris. Elle était
jolie à croquer sous ses cheveux d'or bouclés, avec

ses yeux bleus et ses lèvres rouges. Il y avait là de la fleur et du fruit.

Mademoiselle Éléonore s'assit un instant devant le père et la fille.

— Avez-vous bien remarqué les femmes qui passaient? demanda-t-elle au forgeron.

— Ma foi, oui. J'ai les yeux tout grands ouverts, mais, comme ma sœur Anne, je ne vois rien venir.

— Voulez-vous marcher un peu?

— Oui. Mais ne faites pas de façons, je puis bien vous offrir une voiture tout comme un autre.

Justement une méchante victoria passait avec un cheval poussif.

— Voilà notre affaire, dit mademoiselle Éléonore, nous ne risquons rien dans cet équipage.

Elle prit Rosette et l'emporta sur ses genoux. Le forgeron la suivit et se mit à côté d'elle dans la victoria.

— Où allons-nous, bourgeois?

— Est-ce que je le sais? Tout droit devant vous.

Et fouette cocher! Mais le cheval était de ceux qui ne s'offensent plus des coups de fouet. Il trottina sous lui pour faire une bonne lieue à l'heure.

— Tant mieux, dit mademoiselle Éléonore, nous aurons le temps de bien voir ceux que nous rencontrerons.

Elle regardait à droite, tandis que le forgeron regardait à gauche.

Ils virent chacun mille figures de femmes avant d'arriver au lac ; mais ils ne virent pas Rosa.

Mademoiselle Éléonore ne la connaissait que par à peu près, ou que par ouï-dire ; mais cette fille avait de l'œil et de la malice ; elle avait vu presque toutes les figures connues du Paris qui s'amuse ; elle était presque sûre de ne pas se tromper si elle voyait la maîtresse du forgeron ; d'ailleurs elle disait de temps en temps :

— Voyez donc celle qui passe.

Mais il répondait invariablement :

— Ce n'est pas Rosa.

Ils arrivèrent ainsi cahin-caha au bord du lac dont l'avenue était inabordable. Après un demi-tour qui dura plus d'une demi-heure, Eléonore conseilla à Pierre Lemaître de laisser là la voiture et de marcher à pied ; la petite Rosette, d'ailleurs, s'impatientait et voulait voir les cygnes de près.

On donna une belle pièce de cent sous au cocher, après quoi on descendit au bord du lac.

On peindrait mal les ennuis du forgeron et les cris de joie de sa fille. Il lui donna quatre sous pour acheter du pain à émietter aux cygnes et aux canards. La petite paysanne avait vu faire cela aux petites Parisiennes, elle voulait les imiter ; d'ailleurs c'était plus amusant pour elle que de voir toujours des hommes et des femmes qui avaient l'air d'être à la procession.

Pierre Lemaître la regardait faire avec tant de plaisir qu'il oubliait pourquoi il était venu au bois de Boulogne.

XXXV

ROSE DES CHAMPS

Mais voilà que tout à coup une femme passe devant lui suivie d'une de ses pareilles — c'est-à-dire une cocotte de ses pareilles, de la plus belle venue. — Modes du lendemain tant elles étaient inédites : robes à fracas, couleurs bruyantes, traînes à n'en plus finir qui balayaient le gravier et noyaient l'herbe ; — cheveux sur le front à la Vénus marine, chapeaux ébouriffants avec des plumes d'autruche d'une folle envergure. — Et, pour achever le portrait, hauts talons, ombrelles japonaises et ceintures d'or. C'était éblouissant comme un portrait de Fortuny ou de Madrazo. Carolus Duran eût signé cela de confiance.

Pierre Lemaître ferma les yeux comme devant un coup de soleil.

Les deux demoiselles l'avaient dépassé, mais la première se retourna à demi pour voir la petite Rosette jeter son pain aux cygnes.

— Comme elle est jolie ! dit-elle d'une voix sonore et gaie.

Elle pâlit et chancela.

— Non, c'est impossible, reprit-elle en souriant.

Elle se baissa pour embrasser l'enfant.

— Qu'est-ce que cette dame ? demanda le forgeron à mademoiselle Éléonore.

La couturière, qui était quelque peu artiste, ne regardait que les robes et ne voyait pas les figures.

— Ça, dit-elle en levant les yeux sur la seconde promeneuse, c'est mademoiselle de Gâtebourse ; je la connais.

Pierre Lemaître, qui n'avait vu la première promeneuse que de dos, à peine de trois quarts, s'imagina que mademoiselle Éléonore parlait de celle-là.

— Si vous la connaissez, c'est bien ; mais, voyez-vous, je ne voudrais pas que la première venue embrassât ma fille.

Or le baiser était donné ; sans doute l'enfant allait au cœur de la dame, car, après l'avoir em-

13.

brassée, elle souleva Rosette dans ses bras et dit à celle qui l'accompagnait :

— Vois donc, ma chère Lucie, comme cette petite fille est jolie avec ses cheveux d'or !

— Oui, on dirait qu'ils sont teints.

— Teints, allons donc, est-ce que je teins les miens !

A cet instant, le forgeron fit deux pas en avant.

Il saisit sa fille dans les bras de la première promeneuse et dit à cette femme avec l'accent le plus indigné :

— Madame, passez votre chemin !

Ce fut tout un tableau : la dame, qui avait repris ses couleurs, était redevenue pâle, Rosette voulait rire et pleura, Pierre Lemaitre était pourpré de colère et d'indignation ; mademoiselle Éléonore, qui ne comprenait pas, murmura :

— Qu'est-ce qu'il a donc ?

Rosette, qui comprenait moins encore, regardait tout le monde d'un air effaré. Elle crut que la dame avait voulu l'enlever.

Le forgeron répéta une seconde fois avec un accent plus hautain :

— Passez votre chemin, madame !

Il avait reconnu Rosa.

Rosa ne passait pas son chemin : elle avait reconnu son premier amant.

— C'est ma fille ! cria-t-elle en se rapprochant ; dites-moi que ma fille n'est pas morte, n'est-ce pas ?

Mais Pierre Lemaître cacha la tête de Rosette en disant à Rosa :

— Ce n'est plus votre fille, mauvaise mère !

Cette fois l'enfant avait compris.

— Maman ! dit-elle.

Et quoique son père voulût l'enchaîner sur son cœur, elle tendit ses petits bras à sa mère.

Rosa s'approcha encore.

— Pierre, je vous en prie, permettez-moi d'embrasser ma fille.

— Madame, je vous dis encore une fois que ce n'est plus votre fille.

A cet instant, deux jeunes gens qui avaient aperçu les deux promeneuses au retour des courses, vinrent droit à elles.

— Prends garde, dit l'un, nous tombons là comme des chiens dans un jeu de quilles ; je crois comprendre que ces dames sont embarbouillées dans une rencontre de famille.

— Eh bien, nous allons délivrer les infidèles !

— Prends garde, si c'était un ancien amoureux.

Rose-des-Champs ou mademoiselle de Gâtebourse

ne nous pardonneraient pas si nous les surprenions en flagrant délit de faubouriennes.

— Ça m'est égal, j'aime à brouiller les cartes.

Et ils entrèrent en scène. Ce qui fit dire par le forgeron à Rosa :

— Allez-vous-en donc, malheureuse que vous êtes ! voilà votre amoureux.

Mademoiselle Éléonore avait pris Rosette des bras de son père et tentait de le désarmer par quelques paroles d'apaisement, mais la colère qu'il contenait montait comme la tempête.

S'il se fût écouté, il se serait jeté sur Rosa, non pas pour la frapper, car il n'était pas méchant, mais pour souffleter les plumes de son chapeau.

Ce fut bien pis quand les deux jeunes gens s'approchèrent. Rosa eut beau leur faire signe, ils vinrent jusqu'à elle.

— O mon Dieu ! dit-elle à son amie, il va les mettre en pièces.

Celle-ci ne comprenait pas non plus ce que tout cela voulait dire. Aussi demanda-t-elle à Rosa si c'était son frère.

— Oui, dit Rosa, qui saisit la perche, c'est mon frère, un frère de tragédie ; il croit encore que les sœurs sont des anges !

Quand Rosa vit que les deux sportmen — deux

soupeurs de la veille — ne voulaient pas la quitter, elle s'approcha de mademoiselle Éléonore et lui demanda tout bas où elle demeurait.

— Vous me trouverez demain toute la journée chez madame Laferrière.

Rosa allait encore embrasser Rosette, mais le forgeron se redressa devant elle et lui jeta le regard le plus méprisant.

— Je vous ai pleurée, lui dit-il, mais maintenant c'est fini, vous êtes bien morte pour moi.

Il ajouta :

— Pour moi et pour votre fille.

Rosa rejoignit son amie qui riait avec les deux jeunes gens.

— C'est, dit-elle en essayant de sourire, toute une histoire impossible que je vous raconterai tout à l'heure.

Comme elle avait toujours peur des colères du forgeron, elle entraîna son monde.

Mais si le forgeron l'eût suivie des yeux, il aurait vu que Rosa s'en allait toute seule en pleurant.

Pierre Lemaître ne détourna pas la tête, mais Rosa détourna la sienne pour voir encore Rosette.

Le forgeron était resté là comme une statue.

— O mon Dieu ! dit-il, je vous remercie de m'avoir empêché de la tuer.

Il reprit sa fille des bras d'Éléonore et l'embrassa en pleurant.

Rosa, qui se retournait à la dérobée, s'éventa avec son mouchoir, pour cacher ses larmes.

— Nous voilà bien avancés! dit la couturière en se croisant les bras devant Pierre Lemaître. Il n'y a donc plus rien à faire?

— Non, répondit-il.

— Ce n'est donc pas maman? demanda Rosette.

— Non, dit encore son père.

XXXVI

LES CONTRADICTIONS DU CŒUR

Pierre Lemaître avait prié mademoiselle Éléonore de dîner avec lui et avec Rosette dans quelque cabaret de l'avenue de Neuilly. Toute bonne fille qu'elle était, la couturière regretta d'avoir donné sa parole, car elle jugea qu'elle ne dînerait pas gaiement. Mais elle se soumit à la force des choses d'autant mieux qu'elle ne pouvait plus aller chercher un dîner ailleurs.

On se mit à table; le forgeron était silencieux, la petite fille frappait les verres, pour faire, comme elle le disait, le chant des cloches ou le chant des crapauds.

— Voyons, dit mademoiselle Éléonore qui voulait réveiller Pierre Lemaître, il faut vaincre son chagrin; que diable, un homme doit avoir du caractère.

— J'en ai, répondit le forgeron, c'est pour ça que j'ai juré que tout était fini; ne fallait-il pas me jeter dans les bras de cette dépravée?

— Il paraît que vous n'êtes pas comme Jésus-Christ, vous, car vous ne pardonnez pas.

— Pardonner à une mère dénaturée, qui s'est souillée de toutes les hontes!

— Il faudrait voir les choses de plus près.

— Oh! les femmes ne comprennent pas. Voyez-vous, j'aurais voulu retrouver Rosa blanchisseuse ou chiffonnière.

— Vous imaginez-vous que les chiffonnières et les blanchisseuses sont des modèles de vertu?

— Pensez-vous la défendre, avec sa ceinture dorée, son chapeau à plume et sa robe à queue?

— C'est une vraie gravure de mode, mais pourquoi aussi Dieu lui a-t-il donné la beauté?

— La beauté! la beauté! J'aimerais mieux qu'elle fût horrible.

— Oui, je connais ça; vous ne seriez pas fâché que la petite vérole l'eût dévisagée: la jalousie des hommes est bête comme tout.

Et après un silence, la couturière, regardant

en face le forgeron, répéta gravement les paroles de Jésus-Christ : « Que celui qui est sans péché lui jette la première pierre. »

— Oui, mais nous ne sommes plus au temps de l'Évangile.

— Nous sommes toujours au temps de l'Évangile.

Et après réflexion :

— Dites-moi, est-ce que vous vous figurez que vous êtes un saint ? En y regardant bien, tous les torts viennent de vous.

— Tous les torts ? Comment ! elle s'en va en jurant qu'elle aimait mieux mourir que de n'être pas à moi : elle savait bien que je travaillais pour elle et pour son enfant. Et j'ai rudement travaillé, les fêtes et dimanches, le jour et la nuit. Ah ! j'avais du cœur à l'ouvrage. J'ai mis plus de 45,000 francs de côté pour elle. Je me suis privé de tout. J'ai rebâti la maison de mon père pour qu'elle fût bien chez elle. J'y ai mis de jolis meubles, il y a du linge tout plein les armoires. La méchante fille, elle n'est pas venue !

Le forgeron laissa tomber sa tête dans ses mains.

— Papa, ne pleure pas, dit Rosette.

La couturière voulut plaider encore la cause de Rosa, mais Pierre Lemaître frappa du poing sur la table en s'écriant :

— Vous oubliez Saint-Lazare! Jamais, jamais, jamais.

Il brisa son verre sous sa main.

— N'en parlons plus, dit la couturière d'un air résigné. Que voulez-vous, moi je suis tendre; je n'ai pas pu voir cette mère retrouver sa fille sans ressentir une terrible émotion.

— Eh bien, moi, ça ne m'a pas touché du tout, parce qu'une mère qui abandonne sa fille n'a pu avoir que les sentiments d'une marâtre.

— Alors, pourquoi êtes-vous venu à Paris?

— Vous avez bien raison, je suis revenu à Paris parce que je suis fou; mais si je suis devenu fou, je suis encore un honnête homme et je ne veux pas qu'une mauvaise femme en gâte une bonne. Jamais Rosette ne reverra Rosa. Demain nous retournerons à Aubigny; vous viendrez nous voir si vous voulez, mais, pour moi, je ne mettrai plus jamais les pieds à Paris.

La couturière demanda à Pierre Lemaître s'il partirait de bonne heure.

— Par le premier train, répondit-il.

Elle le pria de ne partir que par le train du soir, sous prétexte qu'elle voulait lui dire adieu à la gare.

— D'ailleurs, ajouta-t-elle, j'ai commencé à habiller une poupée pour Rosette; je veux la finir pour qu'elle l'emporte là-bas, comme un souvenir de sa bonne amie Éléonore.

— A la bonne heure, s'écria le forgeron, c'est vous qui êtes une brave créature, c'est vous qui auriez dû être la mère de Rosette.

La couturière se mit à rire.

— Je vous vois venir, monsieur le Champenois. Si vous buvez un verre de vin de plus, vous me demanderez ma main, mais ne vous montez pas la tête. Je ne vaux pas mieux que mademoiselle Rosa; si vous aviez étudié ma vie, vous ne me donneriez pas le bon Dieu sans confession. Voyez-vous, la meilleure des femmes a souvent bien des *mea culpa* à se jeter sur le cœur.

XXXVII

LA FORCE DE L'AMOUR

Rosette s'était endormie à table.

— Va, lui dit son père en la couchant, demain tu retrouveras ton joli petit lit que ta tante Lucas a si bien pomponné. Tu n'es heureuse que là dedans.

— Oui, mais je serai bien plus heureuse avec la poupée de mademoiselle Éléonore.

Le lendemain, le forgeron fit un tour dans Paris, s'efforçant d'oublier sa rencontre avec Rosa; il alla visiter quelques fondeurs, parce qu'il avait augmenté sa maison et qu'il était devenu marchand de fer, un gros bonnet du canton.

Il fallait bien se consoler de ses chagrins en faisant une petite fortune.

Vers trois heures, comme il venait de rentrer, la couturière vint frapper à sa porte.

— C'est vous ?

— C'est moi.

— Et ma poupée ? demanda Rosette.

— Hélas ! dit le forgeron, il n'y a que des poupées dans le monde, mais surtout à Paris.

Mademoiselle Éléonore lui mit le doigt sur la bouche et lui dit :

— Je viens vous chercher pour vous conduire chez une tante à moi, qui veut à toute force embrasser Rosette. Il ne faut pas lui refuser ce plaisir-là, car on ne sait pas ce qui peut arriver : elle la couchera peut-être dans son testament.

Le forgeron ne voulait plus sortir avant son départ. Mais la couturière pria si bien qu'il se laissa faire.

Elle était venue en voiture ; le cocher eut bientôt conduit les trois amis rue du Général-Foy, où ils étaient attendus.

— Diable, dit le forgeron à Éléonore, votre tante habite une belle maison.

— N'est-ce pas ? C'en est une qui a eu du hasard, mais je ne mettrais pas ma main au feu qu'elle sera un jour canonisée. Que voulez-vous, on fait ce qu'on peut.

Au second étage, un valet de chambre bien stylé conduisit les visiteurs dans un salon tout ruisselant d'or.

— On dirait un conte de fées, dit Rosette.

— Elle a raison, murmura le forgeron, je n'ai jamais rien vu de si beau.

La couturière venait de s'envoler en disant qu'elle allait embrasser sa tante et la ramener. Pierre Lemaître et Rosette regardaient tout avec des yeux éblouis.

— A la bonne heure, disait le forgeron en regardant la pendule, en voilà une qui ne sonne que des heures de joie.

— Oh! papa, que je voudrais bien vivre ici! s'écria Rosette.

Elle allait d'un meuble à l'autre, du piano à la jardinière, de la console au canapé, admirant tout, émerveillée des tableaux, des tentures, des tapis. Un peu plus elle eût tout embrassé de ses jolies lèvres rouges.

Cependant, mademoiselle Éléonore ne revenait pas vite.

Enfin, on entendit un bruit de porte; la couturière souleva la portière pour donner passage à une paysanne qui se présenta d'un air enjoué devant Pierre Lemaître.

Mais cet air enjoué cachait une profonde tristesse.

— Rosa ! s'écria le forgeron.

C'était la fille du cabaret, telle qu'il l'avait connue, dans sa robe d'indienne, sous son bonnet de mousseline, avec son fichu à fleurs.

Elle était plus adorable que jamais. Mais qu'allait dire le forgeron ! Il était si ému, que les paroles mouraient sur ses lèvres.

Elle même n'osait pas ouvrir la bouche, elle retenait ses larmes en regardant Rosette.

Enfin, voyant que le forgeron ne lui parlait pas, désespérant presque de toucher son cœur, elle lui dit :

— Eh bien ! Pierre, ce n'est donc pas Rosa qui est là devant toi ?

XXXVIII

LA CHAMPENOISE

A cette voix, qui parlait à son âme, le forgeron se sentit vaincu.

Il ouvrit ses bras et Rosa s'y précipita pour y tomber évanouie. Elle ne trouva que ce seul mot :

— Ma fille ! ma fille !

Quand elle revint à elle, Rosette la mangeait de baisers.

— Dieu merci ! s'écria mademoiselle Éléonore, j'ai usé tout mon flacon de sel anglais ; jusqu'à M. Pierre Lemaître qui a pris les airs d'un homme qui se trouve mal. Ce que c'est que de voir le beau monde.

La couturière reprit :

— Mais, chut ! je dis une bêtise, le beau monde, c'est le monde qui a du cœur ! Si vous saviez comme le mien est heureux de voir que vous vous êtes embrassés tous les deux.

— Tous les trois, dit Rosette.

— Comment ! s'écria Rosa, elle sait déjà compter.

Le forgeron avait peu à peu retrouvé sa raison.

— Ah çà, reprit-il, voulez-vous m'expliquer ce stratagème ?

— C'est bien simple, répondit Rosa, j'ai toujours gardé comme des reliques mes habits de vigneronne d'Aubigny-les-Vignes. J'étais si heureuse là dedans.

Rosa embrassa encore le forgeron.

Mais lui, quel que fût son bonheur, il soupira.

— Ah ! Rosa, si je t'avais retrouvée plus tôt.

— Voyons, dit la couturière, allez-vous faire des façons, maintenant ?

— Je ne fais pas de façons, mais je ne puis pas m'empêcher de penser à quelque chose.

— Il y a un point noir à l'horizon.

Rosa était tout oreille.

— Eh bien ! parle, Pierre.

Le forgeron gardait le silence ; il se décida pourtant à parler.

14

— Quand j'ai quelque chose sur le cœur, je n'ai plus la tête à moi. Pourquoi suis-je allé à Saint-Lazare ?

Il regarda fixement Rosa.

Elle sourit de son beau sourire et lui dit de l'air du monde le plus naturel :

— On t'en a conté sur moi par là, mais que cela ne te trouble pas; si je suis allée à Saint-Lazare, ce n'était pas pour mon compte.

— Je ne t'accuse pas, mais tu ne me feras pas croire...

— Est-ce que je n'ai pas été graciée avant d'être jugée : un peu plus les juges seraient venus me faire des excuses. Voyons, me crois-tu capable et coupable de faire de la fausse monnaie ? C'était bien assez de faire de la fausse monnaie avec l'amour.

Rosa baissa la tête :

— Mon Dieu, faites-moi grâce.

Puis, regardant Pierre Lemaître avec ses beaux yeux :

— Vois-tu, Pierre, si tu savais par quelles misères noires j'ai passé ! La vertu à Paris, quand on est pauvre, c'est l'enfer.

Pierre était combattu par sa passion pour Rosa et par sa fierté d'honnête homme.

— Enfin, dit-il, à tout péché miséricorde. Il y a bien d'autres péchés...

Le forgeron soupira.

— Oui, oui, oui, s'écria mademoiselle Éléonore; mais, voyez-vous, il ne faut pas pardonner du bout des lèvres, il faut pardonner à plein cœur et à tour de bras.

Rosa s'était agenouillée dans l'attitude d'une vraie repentie.

Le forgeron la releva et l'appuya sur son cœur :

— Rosa, je te jure que j'ai tout oublié. Si jamais je reparle de tout ça, tu auras le droit de me laisser dans ma forge.

Et la figure de Pierre Lemaître s'égaya d'un franc sourire.

— A propos, tu sais, tu vas être une marchande de fer un peu chouette... ne va pas recommencer tes coquetteries...

— Tu comprends, mon cher ami, que, si je voulais continuer mon jeu, je resterais dans ce Paris où les plus dédaigneux sont à mes pieds. Veux-tu lire les lettres que j'ai reçues ce matin ?

— Non, non, jetons tout cela au feu avec tout ce que je vois là.

— Oh ! ne t'offense pas de mon luxe, mademoiselle Éléonore vendra mon mobilier pour payer mes dettes.

— S'il n'y a pas assez, je payerai, dit Pierre Lemaître.

— S'il y a trop, reprit Rosa, ce sera pour les pauvres.

— Nous nous comprenons, dit le forgeron en brisant d'un coup de pied une petite armoire de Boule. Tu n'emporteras d'ici que ce que tu as sur le dos, car je ne veux pas être déshonoré là-bas.

Mademoiselle Éléonore intervint.

— Tout cela est sous-entendu, dit-elle. A quand la noce ?

— C'est vrai que nous ne sommes pas mariés, dit Rosa.

— Nous nous marierons là-bas, dit Pierre Lemaître. J'espère bien que mademoiselle Éléonore nous fera le plaisir de venir manger la soupe avec nous.

— Comment donc ! de tout mon cœur. Je veux même être au contrat de mariage.

— Un contrat de mariage ! pour quoi faire ? Je connais la loi, il y a communauté de biens pour ceux qui ne font pas de contrat de mariage ; c'est ce que je veux, puisque Rosa n'a plus rien et que je suis en train de faire fortune, il faut la communauté de biens.

Cette fois, ce fut la petite fille qui intervint ; elle sauta sur les genoux de sa mère sans tenir compte de tout ce qu'elle avait écouté sans comprendre.

Elle dit de sa petite voix claire :

— Maman, tu ne pourras pas te marier avec ces habits-là, il faudra que tu reprennes ta robe des dimanches que tu portais hier.

— Non, mon enfant, dit Rosa, il n'y aura plus maintenant pour moi de robe des dimanches.

XXXIX

LES NUAGES DANS LE CIEL BLEU.

Et Rosine ?

Rosine était encore à Vouvray.

Le cœur de Rosa fut le théâtre des mille et une émotions : quoiqu'elle fût franche comme le blé, elle ne put se décider à dire au forgeron qu'elle avait adopté une petite fille qui lui rappelait la sienne ; elle se disait que, puisqu'elle avait sacrifié Rosette, il lui fallait faire le sacrifice de Rosine.

Elle se promit d'écrire à sa grand'mère en lui envoyant encore un billet de cinq cents francs, mais en l'avertissant que ce serait tout. En effet, elle allait se trouver sans autres ressources que celles du forgeron, puisqu'elle brisait avec sa vie de courtisane.

Plus d'une fois elle fut sur le point de tout dire à
Pierre Lemaître ; mais à quoi bon, puisqu'il ne
voudrait sans doute pas prendre la charge d'un
autre enfant. Elle aimait beaucoup Rosine, mais
sa fille l'effacerait bientôt. Qui sait d'ailleurs si ce
ne serait pas un trop grand chagrin pour Rosette ?
Il y a de mortelles jalousies d'enfants.

Il lui paraissait bien plus sage, puisque Rosine
était chez une tante, de prier cette tante de la
garder, sauf à elle à lui faire une toute petite pension ; aussi, après avoir envoyé le billet de cinq cents
francs à la grand'mère, elle écrivit ainsi à la tante :

« Madame,

» Un voyage forcé me retiendra longtemps
» hors de Paris ; comme il me serait impossible
» d'emmener Rosine, je vous la confie, elle sera
» très bien là-bas dans le pays natal de sa mère.
» Je sais que vous n'êtes pas bien riche, aussi je me
» permettrai de vous envoyer mon obole de temps
» à autre. Sa grand'mère peut toujours compter
» sur sa pension à la *Providence*. Si elle voulait
» vivre avec vous et avec sa petite-fille, je vous
» enverrais directement le prix de cette pension.
» A mon retour j'irai vous voir à Vouvray ; recom-
» mandez à ma chère petite Rosine d'être bien

» sage et bien douce. Je l'embrasse de tout mon
» cœur.

» Rosa. »

Quand cette lettre fut écrite, Rosa voulut la jeter au feu en se disant qu'il lui était impossible de ne plus voir Rosine. Mais, sa fille étant survenue avec ses gentilles caresses, elle donna la lettre à sa femme de chambre en lui ordonnant de la porter tout de suite à la poste.

Au milieu de sa joie elle était triste ; il lui semblait revenir d'un enterrement.

XL

ROSA ET ROSETTE

A trois semaines de là, tout Aubigny-les-Vignes était en fête. A l'église et au jeu de paume on célébrait le mariage — mieux vaut tard que jamais — de M. Pierre Lemaître, qui avait repris son titre de forgeron, avec mademoiselle Rosa Moustier.

Rosa se donna le titre de vigneronne.

C'était d'autant mieux que la vigne du père et de la mère Moustier était encore là.

Le curé lui conseilla de cultiver un peu mieux la vigne du Seigneur.

— Pour ce qui est de la vigne de mon père et de ma mère, disait gaiement Rosa au forgeron, elle est bien à moi ; tu me permets de te l'apporter en dot.

— Oui, dit Pierre Lemaître, mais j'espère bien que tu ne vas pas accepter la succession de ta sœur Cécile, qui a laissé plus de trois cent mille francs.

— Nous en reparlerons, dit Rosa qui pensait à sa fille.

Le forgeron avait promis à sa femme de faire chanter une grand'messe le lendemain du mariage pour le repos de l'âme d'Orphise, dont on avait exhumé la bière au Père-Lachaise pour la ramener au cimetière d'Aubigny-les-Vignes.

Rosa voulut que ce service funèbre fût pour ses deux sœurs, mais le forgeron s'écria :

— Si c'est pour Cécile, je ne vais pas à la messe.

Il paraît que les caractères les plus entiers sont mordus et entamés, quoi qu'on fasse, par la question d'argent. On a fini par dire une messe en souvenir de Cécile.

. . . .

Le bruit s'est déjà répandu à Aubigny — que dis-je — à Reims et à Épernay, que mademoiselle Rosette sera riche un jour d'un demi-million. « Une rude dot ! » comme on dit là-bas.

Rosa a si bien travaillé que l'ancien forgeron a consenti à accepter, pour sa fille, la succession de Cécile.

Rosette ira dans deux mois au couvent des Oiseaux.

. . . .

La dernière fois que j'ai passé par Aubigny-les-Vignes, je suis entré dans la boutique de l'ancien forgeron, aujourd'hui marchand de fer, métamorphosé en vrai bourgeois par sa femme.

Je l'aimais mieux en forgeron, mais enfin on n'est pas toujours parfait.

J'ai causé un instant avec Rosa, que j'avais revue à Paris quand elle s'appelait Rose-des-Champs.

— Eh bien ! lui dis-je, est-ce toujours beau et bon la vertu?

— Oui, dit-elle gaiement, quand ce ne serait que pour changer. Voyez-vous, il y a deux choses qui ramèneraient toutes les femmes au bien.

— Parlez !

— L'amour maternel et l'amour du pays natal.

— Et l'amour du forgeron ? lui dis-je.

Elle fit une petite moue sceptique.

— Peut-être, dit-elle ; mais nous ne chantons plus cette chanson-là, nous faisons des affaires.

— Et le goût du luxe, des chiffons, des fêtes, des plaisirs?

— J'en suis bien revenue. Il ne faut pas toujours jouer avec les roses, quand vient le temps de la moisson.

— Et de la vendange. Votre vigne se porte bien?

— Pas mal et vous? Nous en avons maintenant dix arpents. Ce qui va vous faire rire, c'est que nous vendons notre vin de Champagne à la Maison d'Or.

Je vis au regard perdu de Rosa que sa pensée errait encore quelquefois dans les parages de ses folies.

La femme la plus désabusée garde dans un coin secret du cœur le charme des souvenirs : c'est comme un reliquaire qui embaume la vie.

Je ne voulais pas m'en aller sans lui faire un compliment.

— Vous n'êtes pas trop changée, lui dis-je en la regardant d'un œil très ouvert.

— Oh! mon Dieu non, si je voulais me barbouiller de poudre de riz! Mais j'en ai fait mon deuil ; mon mari, d'ailleurs, ne me permet de me débarbouiller qu'avec la poudre de la forge.

— S'il vous trouve belle comme ça...

— Oui, dit Rosa d'un air de regret, mais moi, je ne me trouve pas belle comme ça.

Rosette, qui était au voisinage, vint sautiller sur les deux marches de l'escalier de la boutique.

Rosa l'embrassa et lui fit faire un demi-tour pour qu'elle me présentât sa révérence.

— Comme elle est jolie! dis-je en baisant ses cheveux d'or.

— Pourquoi ne dites-vous pas que c'est tout le portrait de sa mère...

Et après quelques paroles deçà, delà, Rosa me dit ce dernier mot :

— Voyez-vous, quand on a une jolie fillette dans sa maison, on n'est plus une femme, on ne pense plus à soi, on abdique, on est une mère.

Un prédicateur ne manquerait pas de dire :

« Puissent beaucoup de ces demoiselles du lac finir un jour comme Rosa! »

Mais tout n'est pas fini!

XLI

OTHELLO

Cependant que devenait Rosine? Rosa avait eu beau retrouver sa fille, elle souffrait de ne pas revoir cette charmante petite fillette qu'elle avait prise pour tromper son cœur.

Le sentiment de la maternité est si naturel à la femme, que Rosa se croyait presque la mère de Rosine tant sa jolie figure et ses gentilles manières lui prenaient les yeux et l'âme.

Donc, en retrouvant sa vraie fille, elle était triste de ne pas voir sa fille illusoire.

Quoiqu'elle sentît qu'elle ne devait pas renouer ce sentiment aux autres chaînes de son cœur, elle ne pouvait s'empêcher de penser souvent à elle, deux fois déjà elle avait écrit à sa grand'mère en lui envoyant, chaque fois, deux billets de cent francs qu'elle était forcée de dérober à son mari.

A la seconde lettre, la petite Rosine avait répondu qu'elle lui envoyait deux cents baisers, et qu'elle priait Dieu cent fois pour toutes ses mamans, celle qui était morte, celle qui était loin et sa grand'mère toujours bien affligée.

A cette lettre la femme du forgeron ne put s'empêcher de répondre. Voici ce qu'elle écrivit :

« Mon amour de Rosinette. Je t'aime bien, j'irai
» bientôt à Paris pour te voir et pour t'acheter des
» robes; sois bien douce avec ta grand'maman; il
» y a une fée dans ce pays-ci qui me dit tout ce
» que tu fais : ainsi prends garde à toi si... »

Rosa en était là quand survint son mari qu'elle croyait dehors.

Le forgeron surprit donc sa femme écrivant une lettre à sa chère Rosine.

— A qui, écris-tu, ma mie ?

— A personne.

— Tu te moques.

— J'écris à une vieille dame que tu ne connais pas.

— Si tu me trompais !

— Tu es fou. J'écris à une petite fille qui est ma filleule et à sa grand'mère en même temps.

— Tu as une filleule ?

— Pourquoi pas ? n'as-tu jamais été parrain, toi ?

On sait que Pierre était jaloux comme un Espagnol. Il accusait toujours sa femme d'avoir des dessous de cartes. Il aurait voulu qu'elle lui contât page à page, mot à mot, toute sa vie à Paris. Naturellement Rosa jetait un voile sur toutes ses aventures. Elle avait la pudeur du passé, mais les jaloux aiment mieux qu'on leur retourne le fer dans le cœur que de ne rien leur dire. Pierre en voulait à sa femme de son silence.

Ce jour-là il voulut lire la lettre. Ce fut par là que le secret de Rosine fut trahi.

— Écoute, Pierre, j'aime mieux tout te dire.

Pierre fronça le sourcil.

— Mais ne me regarde pas avec ces yeux-là.

— Parle, parle, parle bien vite.

— J'avais un si grand chagrin de croire ma fille morte que j'ai voulu avoir un autre enfant sous les yeux : le bon Dieu m'a fait rencontrer une très jolie petite fille blonde comme la mienne qui s'appelait Rosine. N'est-ce pas que c'est providentiel ?

Pierre, plus farouche, gardait le silence.

— Cette petite fille a vécu avec moi depuis le dernier Noël où je l'ai rencontrée avec sa grand'mère devant une boutique de joujoux. Elle était si gentille que je l'ai embrassée, la grand'mère avait perdu sa fortune, je lui ai offert de garder l'enfant chez moi en souvenir de ma fille. Cette pauvre femme ne voulait pas, mais enfin elle a consenti : n'est-il pas bien naturel que je n'oublie pas cette petite fille ?

Pierre frappa du poing sur la table pour ne pas frapper sur la tête de Rosa.

— Malheur ! malheur ! dit-il.

— Pierre !

— Cette fille est ta fille !

XLII

OU MÈNE L'AMOUR DE L'ARGENT

Rosa eut toutes les peines du monde à faire croire la vérité à son mari. Il écrivit lui-même à Paris, menaçant d'y aller pour se mieux renseigner. Enfin, Rosa finit par le convaincre en l'embrassant.

Une année se passa.

Rosa était-elle heureuse? marchait-elle vers les sérénités promises à la mère de famille qui n'a pas d'arrière-pensées? Avait-elle assez longtemps lutté contre les souvenirs des tentations parisiennes? Avait-elle oublié ses chutes, ses folies, ses cavalcades? Ne songeait-elle pas à son luxe radieux tout parfumé d'Oriza-Lys? Ne se retournait-elle pas avec un vif regret vers ses galantes aventures où les hommes à la mode lui débitaient des adorations, en prose et en vers ?

Le forgeron avait eu beau se métamorphoser en marchand de fers, ce n'était toujours qu'un bourgeois endimanché.

Elle tenta vainement de le transformer des pieds à la tête, lui apprenant les belles manières et lui donnant de l'esprit. Pierre Lemaître était toujours Pierre Lemaître. Quand il faisait chaud, il venait sans façon en manches de chemise pour se mettre à table ; quand il faisait froid, il ôtait ses souliers pour se chauffer les pieds. Quand il se couchait, il se coiffait, comme le roi d'Yvetot, du bonnet de coton légendaire, disant, quand on le surprenait sous cette couronne : « J'aime mieux être coiffé d'un bonnet de coton que d'être coiffé par ma femme. »

Plaisanterie de trop vieille date, qui naturellement exaspérait Rosa après tout ce qui s'était passé.

A cela près, le forgeron était le meilleur homme du monde, adorant sa femme et sa fille, mais trop préoccupé désormais de l'amour de l'argent, ce qui gâte tous les autres amours.

XLIII

COMME QUOI ON TROUVE QUELQUEFOIS LA FIN D'UN ROMAN DANS LA *GAZETTE DES TRIBUNAUX.*

Je croyais cette histoire achevée et parachevée, quand un matin, au Grand-Hôtel, un de mes amis me passa la *Gazette des Tribunaux* en me disant :

— N'as-tu pas connu Rosa Moustier?

— Oui ; est-ce que son histoire de fausse monnaie est revenue sur l'eau ?

— Non, lis ceci.

Or voilà ce que je lus avec beaucoup de curiosité et avec beaucoup de surprise, car j'étais bien convaincu que la femme du forgeron avait fait un bail avec le bonheur :

MADEMOISELLE ROSA

« Notre correspondant de Reims nous envoie la
» dépêche suivante :

» On est très ému, ici, par un meurtre horrible
» qui désole tout le joli pays d'Aubigny-les-
» Vignes. Voilà l'histoire en quelques mots :

» Il y a là un marchand de fers qui possède une
» vraie fortune, quoiqu'il soit parti de simple
» forgeron. Il s'appelle Pierre Lemaître. C'est un
» homme de haute stature, qui porte bien sa tête un
» peu bronzée. C'est la beauté mâle, c'est l'expression
» énergique. Cependant cet homme était comme un
» enfant aux pieds de sa femme, tant il l'aimait.

» Sa femme avait été sa maîtresse, il y a sept ou
» huit ans. Elle s'appelait Rosa Moustier. Quoique
» fille d'un cabaretier, elle avait un certain air et pas
» mal d'esprit. Il fallut cacher un enfant qui me-
» naçait de venir au monde avant le mariage. La
» petite Rosa Moustier partit pour Paris, où tant de
» filles viennent cacher leurs frasques. Une fois à
» Paris, elle oublia le forgeron, tout en lui envoyant
» son enfant. Ces messieurs du sport ont connu cette
» demoiselle. Elle avait fini par devenir à la mode
» après avoir couru quelques aventures médiocres.
» Je crois qu'en cherchant bien dans la *Gazette des*
» *Tribunaux*, vous verrez qu'elle a été à Saint-Lazare
» pour une affaire de fausse monnaie ; mais il paraît

15.

» que, simple femme de chambre, elle avait obéi
» inconsciemment à la vicomtesse du Hamell.

» Le forgeron, qui l'aimait toujours avec passion,
» finit par la retrouver ; il lui pardonna en lui voyant
» des larmes dans les yeux devant sa petite fille.
» Quoiqu'elle roulât carrosse, elle ne dédaigna pas
» de devenir forgeronne par amour pour sa fille et
» de son pays, peut-être encore par amour pour
» son premier amant.

» Cet homme avait gagné quelque argent ; on fit
» bien les choses : on donna aux pauvres le mobilier
» luxueux de la fille à la mode, on ne garda rien
» que son cœur.

» Rosa Moustier avait d'ailleurs hérité d'une
» sœur — une vraie fortune — si bien qu'elle pouvait
» encore rouler carrosse à la campagne avec un
» mari légitime et une fille légitimée.

» Tout le monde croyait que le bonheur était
» chez eux, mais la boutique du marchand de fers
» n'était pas le paradis pour l'ancienne cocotte. On
» dit qu'un de ses amants du temps passé vint
» rôder par là.

» Elle avait hérité de sa sœur une villa perdue
» dans le bois voisin, où elle allait souvent se pro-
» mener avec sa fille. C'est là qu'elle donna rendez-
» vous à son amant.

» Les uns disent que ce n'était pas pour mal faire,
» les autres disent aussi que ce n'était pas pour bien
» faire.

» Toutefois elle était accompagnée de sa fille,
» qui a aujourd'hui sept ans ; mais cette enfant se
» berçait nonchalamment dans un hamac au fond
» d'un bosquet, tandis que la mère oubliait sa fille
» en s'oubliant elle-même. On a vu de ces choses-là
» même en Champagne.

» Chose singulière, la femme adultère était à
» moitié habillée ou plutôt déshabillée d'une robe
» de mariée qui est légendaire à Aubigny. On dit que
» c'était pour donner le change. Si elle se trouvait
» prise en flagrant délit, elle pouvait dire qu'elle
» essayait la robe de sa sœur Cécile.

» Les amoureux avaient compté sans l'hôte ; mais
» madame Pierre Lemaître fut vendue par une
» servante, si bien que le forgeron, plus troublé que
» jamais, arriva armé d'un revolver et d'un couteau-
» poignard.

» Ce fut une terrible scène : la femme se jeta épou-
» vantée au-devant de son mari au moment où il
» armait son revolver ; le coup partit qui était destiné
» à l'amant et qui frappa la femme. Elle se jeta sur
» son mari pour le désarmer, ne se croyant pas
» frappée mortellement. Le revolver tomba. Mais à

» la vue du sang de Rosa Moustier Pierre Lemaître,
» plus furieux encore, se précipita vers l'amant et le
» frappa à la gorge d'un coup de son couteau-poi-
» gnard ; deux ruisseaux de sang inondèrent le salon
» de la villa. Madame Pierre Lemaître était déjà
» inanimée, son amant râla bientôt à ses pieds en
» lui tendant la main.

» Vraie scène de cinquième acte d'un drame du
» boulevard.

» Ce ne fut pas tout : dans son aveuglement
» M. Pierre Lemaître tourna sa fureur contre lui-
» même, il se tailladait la poitrine sans trouver la
» bonne place quand sa petite fille vint se jeter dans
» ses bras ; toutes ses forces tombèrent dans son
» amour pour l'enfant. On dit que Rosa Moustier
» poussa encore un cri : Rosine ! Rosette ! mais ce fut
» le dernier.

» Ceci prouve qu'il y a bien peu de repentir
» absolu ; comme a dit le philosophe, la nature est
» plus forte que la raison. »

P.S. « Je rouvre ma lettre pour vous dire à la
» hâte que Pierre Lemaître a été écroué hier à
» Châlons, battant tout le monde et voulant s'ache-
» ver. C'est le désespoir d'un lion. Il mourra avant
» les assises. »

Je laissai tomber le journal sur la table.

— Mon cher, dis-je à mon ami, il y a décidément des femmes fatales. Rosa Moustier est venue mourir là où est morte sa sœur Cécile qui a jeté le malheur, la ruine, la mort autour d'elle ; l'influence de Cécile a frappé ses sœurs comme tous ceux qui l'ont aimée. Dieu veuille que la pauvre petite Rosette ne soit pas atteinte par ce fléau. Dieu veuille que Rosette, qui a traversé l'orage, ne soit pas emportée par l'orage !

LES GRANDES AMOUREUSES

I

MADEMOISELLE DE LESPINASSE

I

Les femmes décident de tout en France. Voilà ce que mademoiselle de Lespinasse avait écrit vaillamment sur sa bannière. Au point de départ, elle ne semblait pas destinée à décider de grand'chose ici-bas : elle n'avait ni naissance, ni fortune ni beauté. Quand une femme a la beauté, elle a bien vite la fortune, partant la naissance. Mademoiselle de Lespinasse n'avait que l'esprit ; mais l'esprit est encore un point d'appui qui peut soulever le monde. Mademoiselle de Lespinasse ne fut pas précisément un Atlas, mais elle fut un des ornements qui supportèrent ce temple de la philosophie moderne qui s'appelait hier l'*Encyclopédie*, et qui s'appelle aujourd'hui la liberté de penser tout haut.

Mademoiselle de Lespinasse est née à Lyon, en 1732. Ce nom n'était pas le sien. Une femme du beau monde, célèbre par ses galanteries, madame d'Albon, la mit au monde comme un livre anonyme. Elle ne voulut jamais la reconnaître ; plus tard elle tenta de la doter ; mais la fille refusa l'argent de celle qui lui avait refusé un nom.

On comprend tout de suite sa liaison avec d'Alembert, qui lui-même n'avait pas de nom. Les deux célèbres enfants trouvés du xviii° siècle s'étaient réunis pour se consoler et protester.

Mademoiselle de Lespinasse pensa à donner sa jeunesse à Dieu ; mais un grain de philosophie avait germé dans son cœur : elle manquait de l'enthousiasme qui précipite les filles de Dieu au pied de l'autel ; la curiosité l'entraînait dans tous les périls de la vie. Plus tard, elle eut l'enthousiasme de la passion. Ce fut une autre Sapho et une autre Héloïse.

Le hasard, qui fait souvent bien ce qu'il fait, la plaça d'abord comme demoiselle de compagnie chez madame du Deffant. Ce fut là qu'elle rencontra toute la société littéraire et philosophique du xviii° siècle,

Dès son entrée dans cet hôtel Rambouillet, où l'esprit remplaçait la manière, où l'épigramme remplaçait le madrigal, elle fut admise à dire son opinion sur les hommes et les choses. Mais peu à peu madame du Deffant s'aperçut que la demoiselle de compagnie devenait la dame de la maison. La rivalité ne dura pas longtemps : mademoiselle de Lespinasse s'en alla ouvrir ailleurs un bureau d'esprit. On se demanda aux frais de qui.

Au bout de quelque temps, d'Alembert, qui avait quitté madame du Deffant pour mademoiselle de Lespinasse, alla s'installer, avec ses livres et ses oiseaux, dans la maison de celle-ci, porte à porte, à ce point que les étrangers se trompaient souvent de porte.

Mademoiselle de Lespinasse n'était pas belle, et d'Alembert n'était pas né pour l'amour : aussi les hommes n'enviaient pas d'Alembert, et les femmes n'enviaient pas mademoiselle de Lespinasse. Savez-vous quel fut le premier ouvrage qu'elle inspira à d'Alembert ? Un volume in-quarto sur la vaccine : mademoiselle de Lespinasse était outragée par la petite vérole. C'était s'y prendre un peu tard.

Ce mariage de raison dura quelque vingt ans. D'Alembert était heureux sans savoir pourquoi;

il ne comprenait rien aux inquiétudes, aux irritations, aux colères, aux bourrasques, aux larmes, aux orages, aux déchirements de cette femme, qui semblait dominée par son esprit, mais qui n'écoutait que les battements de son cœur. D'Alembert n'était là pour elle que le pain quotidien de l'amour; or, comme elle ne mangeait pas de pain, elle ne se contentait pas de ce repas platonique. Elle subit trois ou quatre passions violentes qui la tuèrent peu à peu. En effet, après avoir longtemps pleuré le comte de Mora, elle ne survécut pas à l'abandon de M. de Guibert, qui s'était laissé prendre, un jour de distraction, mais qui n'avait pu s'élever à cette passion toute pleine de tempêtes.

Ce brave d'Alembert continuait de réciter ses éloges à l'Académie et d'écrire pour la gloire de l'Église encyclopédique, sans s'imaginer qu'une femme qui demeurait dans sa maison pût penser à un autre homme que lui. Celui-là n'était pas fils de sa mère. Il y en a qui s'imaginent que toutes les femmes sont perverses, hormis leur mère. D'Alembert s'imaginait que, hormis sa mère, toutes les femmes étaient des chefs-d'œuvre de vertu.

Mademoiselle de Lespinasse nomma d'Alembert son exécuteur testamentaire; elle lui légua ses meubles; elle donna ses cheveux, tout ce qu'elle avait, aux fidèles de son cercle; elle légua ses dettes à l'archevêque de Toulouse et s'endormit dans l'éternité.

A ses derniers jours elle tendit la main à d'Alembert, qui ne la quittait pas. « Mon ami, lui dit-elle tristement, il y a vingt ans que vous m'aimez, il y a vingt ans que vous m'avez sacrifié toutes les libertés de votre cœur, il y a vingt ans que je vous trompe. » Cette confession fut un coup de foudre pour d'Alembert ; ce coup de foudre fut un trait de lumière. Il vit passer les figures des amants de mademoiselle de Lespinasse. « J'y avais songé, dit-il, mais pouvais-je le croire ? Je ne le crois pas encore ! — Oui, mon ami, vous avez vécu avec le mensonge. J'ai toujours remis au lendemain cette confession des faiblesses de mon cœur : au point où j'en suis, le lendemain c'est le tombeau ; je ne veux pas y emporter ce secret de ma trahison : le tombeau lui-même a ses remords. Pardonnez-moi, mon ami, je vous aimais; mais je me suis laissé prendre à ces passions violentes qui nous emportent hors de nous-mêmes. Cette maison où j'aurais dû être si heureuse avec vous, où je vous voyais heureux en dévorant mes larmes, n'a été pour moi qu'une mer agitée ;

en vain je croyais jeter l'ancre en me jetant dans vos bras, mais la vague m'emportait toujours. Je reviens à vous, mais toute brisée par les secousses de la tempête. — Vous revenez à moi ! dit d'Alembert tristement, mais avec un éclair d'espérance. — Oui, » dit mademoiselle de Lespinasse en lui pressant la main. Puis, se reprenant tout à coup, car l'image de M. de Guibert avait passé devant elle : « Je vous dirai tout, mon ami. Plaignez-moi d'être si coupable, plaignez-moi d'être si faible dans le repentir. A cette heure suprême, je n'ai plus qu'un seul ami : c'est vous. Mais j'ai beau faire, je ne puis me défendre d'aimer encore M. de Guibert. O d'Alembert! mon pauvre philosophe, retenez bien ceci de la bouche d'une mourante : La raison humaine n'est qu'un fantôme qui s'évanouit chaque fois que Dieu nous jette un rayon de sa lumière. Ma raison n'a rien pu contre l'amour. — Oh ! oui, dit d'Alembert en éclatant dans sa douleur et en pleurant comme un enfant, c'est une leçon suprême que Dieu m'a donnée, à moi qui, dans mon orgueil, voulais m'élever aussi haut que son intelligence. »

Quand l'infidèle fut couchée dans le tombeau, ce dernier lit qui console les amants trahis, d'Alembert paraphrasa ainsi sa douleur :

« O vous, qui ne pouvez plus m'entendre, vous que j'ai si tendrement aimée, vous dont j'ai cru être aimé quelques moments, hélas! s'il peut vous rester encore quelque sentiment dans ce séjour de la mort après lequel vous avez tant soupiré et qui bientôt sera le mien, voyez mon malheur et mes larmes, la solitude de mon âme et l'abandon cruel où vous m'avez ôté le plaisir si doux de vous dire comme Orosmane :

Ta grâce est dans mon cœur ; prononce, elle t'attend.

Vous êtes descendue dans le tombeau, persuadée que mes regards ne vous y suivraient pas! Ah! si vous m'aviez seulement témoigné quelque douleur de vous séparer de moi, avec quelles délices je vous aurais suivie dans l'asile éternel que vous habitez! Mais je n'oserais pas même demander à être mis auprès de vous quand la mort aura fermé mes yeux et tari mes larmes ; je craindrais que votre ombre ne repoussât la mienne et ne prolongeât ma douleur au delà de ma vie. Hélas! vous m'avez tout ôté, et la douceur de vivre et la douceur de mourir.

» Pourquoi a-t-il fallu que l'amour, fait pour adoucir aux autres les maux de la vie, fût le tourment et le désespoir de la vôtre? pourquoi ne m'avoir pas tout dit, lorsque je vous donnai mon portrait, il y a un an, avec ces vers si pleins de tendresse :

> Et dites quelquefois, en voyant cette image :
> « De tous ceux que j'aimai, qui m'aima comme lui ? »

» Vous n'êtes plus, me voilà seul dans l'univers ! Il ne me reste que la funeste consolation de ceux qui n'en ont point, cette mélancolie qui aime à s'abreuver de larmes et à les répandre sans chercher personne qui les partage. »

II

Ce n'est pas tout. D'Alembert n'a pas assez versé de larmes savantes pour être consolé. Il va tailler encore sa plume et citer de sa belle écriture tous les classiques amoureux.

SUR LA TOMBE DE MADEMOISELLE DE LESPINASSE.

« Je reviens encore à vous, et j'y reviens pour la

dernière fois et pour ne plus vous quitter, ô ma chère et malheureuse Julie ! vous qui ne m'aimiez plus, il est vrai, quand vous avez été délivrée du fardeau de la vie ; mais vous qui m'avez aimé, par qui du moins j'ai cru l'être ; vous à qui je dois quelques instants de bonheur et d'illusions, vous enfin qui, par les anciennes expressions de votre tendresse, dont la mémoire m'est si douce encore, méritez plus la reconnaissance de mon cœur que tout ce qui respire autour de moi ; car vous m'avez du moins aimé quelques instants, et personne ne m'aime ni ne m'aimera plus ; hélas ! pourquoi faut-il que vous ne soyez plus que poussière et que cendre !

» Laissez-moi croire, du moins, mon amie, que cette cendre, toute froide qu'elle est, est moins insensible à mes larmes que tous les cœurs glacés qui m'environnent. Ah ! le véritable amour est sans doute bien caractérisé par ce vers charmant du Tasse :

Brama assai, poco spera e nulla chiede.

» Je ne saurais trop me redire ces mots de la romance d'Aspasie, que je relis tous les jours :

Si réclamez sa douce fantaisie,
Elle dira : « Que ne l'inspirez-vous ? »

Et, ce qui rendra mon malheur éternel, je n'espère plus retrouver dans aucun cœur ce que j'avais obtenu quelques moments du vôtre. La cruelle destinée qui me poursuit dès ma naissance, cette destinée affreuse qui m'a ôté jusqu'à l'amour de ma mère, qui m'a envié cette douceur de mes premières années, me ravit encore la consolation des dernières.

» O nature ! ô destinée ! je me soumets à ce fatal arrêt de mon sort, comme une innocente et malheureuse victime ; je vois, avec Horace, la fatalité enfoncer ses *clous de fer* sur ma tête infortunée ; je me plonge, tête baissée, dans le malheur qui m'environne de toutes parts, et qui semble prêt à m'engloutir.

» En rentrant tous les jours dans ma triste et sombre retraite, *si propre à l'état de mon cœur*, je croirai voir écrites sur la porte les terribles paroles que le Dante a mises sur la porte de son enfer : « Malheureux qui entrez ici, renoncez à l'espérance ! » Je serai tout entier au sentiment de mon malheur, au souvenir de ce que la mort m'a fait perdre ; ma dernière pensée sera pour vous, ma chère Julie, et tous les sentiments de ma vie vous auront pour objet. Que ne puis-je en ce moment expirer sur ce tombeau que j'arrose de mes larmes, et dire comme Jonathas : « J'ai goûté un peu de miel, et je meurs[1] ! »

[1] D'Alembert pouvait pleurer mademoiselle de Lespinasse ; mais avait-il le droit de se plaindre d'elle ? Voyez cette note d'un contemporain :

« Nous n'avons vu aucun portrait de M. d'Alembert qui fût bien ressemblant, et cette ressemblance n'était pas facile à saisir ; la forme de ses traits avait quelque chose de fort commun, et sa physionomie un caractère passablement indécis. Un Lavater eût cependant aperçu dans les replis de son front, dans le mouvement inquiet de ses sourcils, dans la partie inférieure du nez tout à la fois gros et pointu, plusieurs traces d'une expression assez fortement prononcée. Il avait les yeux petits, mais le regard vif ; la bouche grande, mais son sourire avait de la finesse, de l'amertume et je ne sais quoi d'impérieux. Ce qu'il était le plus aisé de démêler dans l'ensemble de sa figure, c'était l'habitude d'une attention pénétrante, l'originalité naïve d'une humeur moins triste qu'irascible et chagrine. Sa stature était petite et fluette, le son de sa voix si clair, si perçant, qu'on le soupçonnait beaucoup d'avoir été dispensé par la nature de faire à la philosophie le sacrifice cruel qu'Origène crut lui devoir. Tout Paris sut dans le temps la réponse d'un homme du monde à qui sa maîtresse s'efforçait de donner de la jalousie en faisant l'éloge le plus pompeux de toutes les qualités de notre philosophe ; ne trouvant plus d'exagération assez forte, elle finit par lui dire : « Oui, c'est un Dieu. — *Ah! s'il était Dieu, madame, il commencerait par se faire homme...* » Son extérieur était de la plus extrême simplicité ; il était presque toujours habillé, comme Jean-Jacques, de la tête aux pieds, d'une seule couleur ; mais, les jours de cérémonie et de représentation académique, il affectait de s'habiller, comme tout le monde, avec une perruque à bourse et un nœud de ruban à la Soubise. Ce n'est que dans les lieux où il pouvait se croire

D'Alembert pouvait croire — que ne croit pas l'amour? — que, dans l'excès de son zèle pour la vérité, mademoiselle de Lespinasse avait été plus loin que la vérité, dans sa confession, comme pour se rattraper sur les mensonges de son cœur. Mais, pour l'achever, le pauvre homme, mademoiselle de Lespinasse le nomma son exécuteur testamentaire, et, à ce titre, il fut obligé d'assister à l'inventaire, et à chaque pas, en ouvrant les armoires, les chiffonnières, les cassettes, d'entrer à vif dans le secret des trahisons de sa maîtresse.

Je ne veux pas refaire le roman de mademoiselle de Lespinasse avec M. de Mora et M. de Guibert. Ce roman est enterré tout palpitant dans les lettres de cette Sapho doublée d'une sainte Thérèse. C'est là qu'il faut aller pour avoir une idée (quand on n'est pas amoureux) de l'enfer du cœur et de l'esprit. Que dut dire le pauvre d'Alembert en lisant des phrases comme celles-ci :

« Je souffre par vous et pour vous : est-ce assez vous aimer ? Je vous aime ; ma folie est un plaisir et un déchirement qui me donne la mort. »

moins connu, qu'il n'était pas fâché sans doute de se distinguer par un costume particulier, devenu pour ainsi dire le manteau philosophique, manteau qui n'est pas toujours à l'abri du ridicule, mais qui ne laisse pas que d'avoir son prix, et dont l'usage est même assez commode. »

Dans les cent cinquante lettres de mademoiselle de Lespinasse, c'est à peine si d'Alembert trouvait son nom par hasard ; et encore à quel propos parlait-elle de d'Alembert, cette femme toute à sa passion ? Elle en parlait à peu près comme madame de La Sablière parlait de ses bêtes, y compris La Fontaine.

La vingt-cinquième lettre est un chef-d'œuvre de concision : elle est datée *de tous les instants de ma vie*. Elle ne renferme qu'une ligne :

« Je souffre, je vous aime et je vous attends. »

C'est le chef-d'œuvre de l'éloquence dans l'amour ; car le vrai amour se moque des paraphrases de l'amour.

Je veux citer encore cette lettre, qui est une page charmante de la vie familière du xviiie siècle :

« On m'a apporté votre lettre chez le ministre (M. Turgot), où je dînai avec vingt personnes ; on me l'a remise à table. J'avais à côté de moi l'archevêque d'Aix, et de l'autre côté le curieux abbé de Morelaix. J'ai ouvert ma lettre sous la table, et à peine pouvais-je voir qu'il y avait du noir sur du blanc, et l'abbé faisait la même remarque. Madame de Boufflers, qui était auprès de l'archevêque, demanda ce qui m'occupait. « Un mémoire pour » M. Turgot, madame. » Ce soir, mon ami, je meurs de fatigue du tour de force que j'ai fait aujourd'hui. J'ai vu cent personnes, et, comme votre lettre m'avait fait du bien à l'âme, j'ai parlé, j'ai oublié que j'étais morte, et je me suis vraiment éteinte. A la vérité, j'ai eu de grands succès, parce que j'ai bien fait valoir les agréments et l'esprit des personnes avec qui j'étais, et c'est à votre lettre qu'ils ont dû ce passe-temps si doux pour leur vanité. La mienne ne s'enivre pas de vos louanges. Je vous répondrai comme Coucy : « Aimez-moi, prince, » au lieu de me louer. »

Voilà comment mademoiselle de Lespinasse écrit à M. de Guibert. En vain d'Alembert se cherche parmi toutes ces lettres de flamme, pas un battement de cœur pour lui ! Çà et là mademoiselle de Lespinasse avoue à M. de Guibert qu'elle a aimé un autre autant que lui : d'Alembert tressaille et espère ; mais cet autre, c'est M. de Mora. Pour lui, à peine s'il ramasse quelques miettes de la table à ce somptueux festin d'amour, et encore c'est pour le savant et non pour l'amant. Mademoiselle de Lespinasse raconte, par exemple, que d'Alembert a eu un grand succès à l'Académie, mais qu'elle n'y était pas, parce que, en restant seule, elle se croyait toujours seule avec M. de Guibert.

Ce grand succès de d'Alembert à l'Académie, il

l'avait obtenu pour avoir trouvé qu'il y avait en France trois grands poëtes : Boileau, Racine et Voltaire. Il avait laissé à la porte Corneille, Molière et La Fontaine. « Nous avons abattu la forêt des préjugés, disait souvent d'Alembert. — Voilà pourquoi, lui dit un jour mademoiselle de Lespinasse, vous débitez tant de fagots. » C'était la vérité sous la forme de l'esprit.

D'Alembert survécut à son règne ; Voltaire l'avait enseveli dans sa tombe. Quand la mort vint à lui, c'en était fait de son intelligence. L'opinion, qu'il avait dominée, n'était plus à ses ordres. Lisez les journaux du temps : « 20 *septembre*. — M. d'Alembert est retombé dans l'état vaporeux où il était il y a quelques années, c'est le philosophe qui a le moins de philosophie. On le voit quelquefois seul, courant dans les Tuileries et cherchant à se fuir lui-même ; quoique à portée de voir la société la plus brillante, elle lui déplaît. Les femmes n'ont jamais eu un grand attrait pour lui ; et ce n'est pas maintenant qu'il y trouvera ce charme consolant qui dérobe les horreurs du tombeau. »

Les horreurs du tombeau! voilà bien un mot de cette philosophie qui ne croyait pas au lendemain. La mort pour les encyclopédistes ouvrait la porte des ténèbres, et n'ouvrait pas la fenêtre de la lumière souveraine par où l'âme s'envole dans l'infini.

III

Vanité des vanités! chez d'Alembert tout ne fut que vanité. J'ai beau l'étudier à tous les points de vue, à tous les âges, ami ou amant, je trouve en lui un composé de philosophe et de savant; je ne trouve pas l'homme, pas même dans sa jeunesse. Mais fut-il jeune un seul jour de sa vie?

La jeunesse ne lui vint que quand il était déjà aux prises avec la mort, quand les trahisons de mademoiselle de Lespinasse arrachèrent tout à coup la cuirasse de son cœur. Il était un peu tard pour naître enfin à la vie.

Et pourtant, voyez comme cette vanité de d'Alembert s'humilie devant les têtes couronnées! Ce philosophe, qui brave de si haut Dieu et les hommes, qui ne s'attarde jamais par un beau soir d'avril ou par une belle matinée d'octobre devant l'œuvre de la création, ce géomètre qui ne sait pas pour qui fleurissent les roses, voilà comment il écrit au roi de Prusse : « J'ai été touché jusqu'aux larmes, sire, par ces mots de votre dernière lettre, si pleins de bonté et d'intérêt : « Je vous avais » écrit avant-hier, et je ne sais comment je m'étais » permis quelque badinage, je me le suis reproché » en lisant votre lettre. » Ne vous reprochez rien, sire, et croyez que vous avez ce que Tacite dit de Germanicus, *per seria, per jocos, eumdem animum,* une âme qui intéresse également mon cœur, quand elle est sérieuse et quand elle est gaie. Vous mettez le comble à vos bontés en employant même la poésie à ma consolation ; vous me dites, en vers élégants et harmonieux, ce que vous avez bien voulu me dire en prose élégante et philosophique : votre prose, sire, devrait être signée Sénèque, Montaigne, et vos vers Lucrèce, Marc-Aurèle. »

Et ailleurs, c'est « une vénération tendre et profonde pour son auguste majesté, » le roi de Prusse, qu'il compare à tous les héros et à tous les sages. C'est tout au plus s'il ne lui crie pas *bravo !* à la bataille de Rosbach, car d'Alembert n'aime pas la France de tout le monde, « la mère patrie » ; il aime la France qui est à Ferney, et qui s'appelle Voltaire ; il aime la France qui est à Berlin, et qui s'appelle Frédéric ; il aime la France qui est à Saint-Pétersbourg, et qui s'appelle Catherine. Son pays, c'est celui des disputes philosophiques. D'Alembert est de la caste des mécontents ; en effet, il passa sa vie à se plaindre de la destinée, qui plus d'une fois est venue à lui conduisant par la main la Fortune et l'Amour. Il dit sans cesse qu'il est pauvre ; c'est à qui lui fera des pensions, et, dès qu'il en tient une, il refuse orgueilleusement les autres.

Il se drape dans son manteau, se dit fier de sa pauvreté et ne veut pas mourir sur la terre étrangère. Mais il crie tout haut combien elle est ingrate, cette patrie qui lui a donné une place à l'Académie des sciences, une place à l'Académie française, qui lui permet d'imprimer l'*Encyclopédie*.

« Ce n'est pas que je sois fort content du ministère, il s'en faut beaucoup : je sais, à n'en pouvoir douter, qu'on est très mal disposé contre moi, et j'ignore absolument pour quelle raison ; mais que m'importe ? je resterai à Paris, j'y mangerai du pain et des noix, j'y mourrai pauvre, mais aussi j'y vivrai libre. Je suis de jour en jour plus retiré ; je dîne et soupe chez moi ; je vois mon abbé Galiani à l'Opéra ; je me couche à neuf heures, et je travaille avec plaisir, quoique sans espérance. »

L'amour, comme on voit, quoique d'Alembert fût alors aux meilleures saisons de sa vie, ne tenait pas grand'place dans sa journée. Mademoiselle de Lespinasse elle-même, quand elle parfuma sous les tresses de sa chevelure le bonnet de nuit du philosophe, ne changea rien à ses habitudes.

D'Alembert avait par-dessus tout l'esprit de conduite; aussi fut-il de toutes les académies, tout en gardant ses droits au titre de philosophe, le premier qu'il ambitionnât. Il allait dans le monde, on le rencontrait même à Versailles; il savait choisir ses amis parmi les rois par la naissance et les rois par l'esprit, du roi de Prusse à Voltaire, de Catherine II à mademoiselle de Lespinasse. Beaucoup insulté, comme tous ceux qui prennent le soleil des va-nu-pieds de la littérature, il savait mépriser les injures.

« Les poètes comme les rois, dit-il quelque part, ne peuvent dissimuler la moindre insulte, et le désir d'en tirer vengeance leur est souvent beaucoup plus nuisible que l'insulte même. C'est bien peu connaître l'envie que de croire lui imposer silence en s'y montrant trop sensible; c'est au contraire lui donner la célébrité qu'elle cherche. La postérité eût ignoré jusqu'aux noms de Bavius et de Mævius, si Virgile n'avait eu la bonté de les écrire dans un de ses vers. »

Mais celui qui se moquait de ses ennemis pleurait comme un enfant sur la coquetterie et la coquinerie de mademoiselle de Lespinasse.

Il n'y a point de sages devant les passions. Et d'ailleurs qu'est-ce que la sagesse ! Les sept sages de la Grèce furent sept fous.

II

MADAME D'HOUDETOT

I

N'est-ce pas assez de la science, du talent, du génie ? Quelques hommes trop doués ont l'amour pour deuxième immortalité. Et cette immortalité, ils la donnent aux femmes qu'ils ont aimées. Le nom de Properce ne va pas dans les siècles sans celui de Cynthie, Catulle sans Lesbie, Horace sans Lydie, Ovide sans Délie. Dix-huit siècles plus tard Lamartine s'écriera :

Heureuse la beauté que le poète adore !

Le philosophe Abélard ne laisse pas prononcer

son nom sans le nom d'Héloïse, comme s'ils s'appelaient Roméo et Juliette. Et cependant ils n'ont pas encore eu de Shakespeare ; ils ont été tous les deux leur poète dans leurs lettres admirables ; les lettres d'Héloïse surtout sont des chefs-d'œuvre. Pétrarque pour sa Laure a changé le sonnet en chant de triomphe. Ronsard chante sa maîtresse comme Béranger chantera la sienne :

Vous vieillirez et je ne serai plus !

Ni les deux poètes ni les deux maîtresses ne mourront.

Voyez-les, ces poètes et ces artistes : ils ne sont pas seuls, ils tiennent une femme par la main : Michel-Ange et Vittoria Colonna, Raphaël et Fornarina, Vinci et la Joconde, Titien et Violante, Téniers et Anne Breughel, le blond Van Dyck et sa meunière brune, Rubens et ses deux femmes, Rembrandt et ses servantes. Pascal n'est pas qu'un roseau pensant, c'est un roseau qui aime une duchesse — madame de Roannès ; comme Léopold Robert aimera une princesse — Charlotte Napoléon. Je vois Diderot qui parle d'amour et d'art avec mademoiselle Voland, lui expliquant Michel-Ange — à la Diderot. Je vois d'Alembert et mademoiselle de

Lespinasse, cette pauvre Lespinasse qui a autant de cœur que d'Alembert a de géométrie ; elle dit, en pleurant, que l'amour est rare comme un chef-d'œuvre, un des plus beaux mots de la femme et un des plus jolis mots de la littérature. Aussi ce n'est pas d'Alembert qu'elle aime. Et puis, là, c'est Voltaire et madame du Châtelet. Et ici, Jean-Jacques et madame de Warens. C'est Mirabeau avec Sophie Monnier ; Mirabeau qui efface l'*Erotika biblion* par les *Lettres à Sophie*. C'est Gœthe qui se fait escorter par Charlotte, Frédérique, Lily, Bettina. C'est Chateaubriand qui traîne après lui tout un cortège d'Atalas et de Cymodocées, comme Lamartine tout un cortège d'Elvires et de Graziellas. C'est Byron, qui met l'amour au-dessus de la mort, la femme au-dessus du néant ; Byron, qui a comme Rousseau des Warens, des d'Houdetot et des Thérèse Levasseur.

II

On vendait ces jours-ci de précieux autographes qui sont des pages d'histoire intime du dix-huitième siècle. On s'est disputé jusqu'à deux cent soixante-quinze francs vingt lignes griffonnées par la comtesse d'Houdetot, cette femme qui aimait Saint-Lambert et que Jean-Jacques a — immortalisée — faute de mieux.

C'était en 1757, aux aubes argentées du mois de mars ; Jean-Jacques cherchait toujours la pervenche : il trouva la violette. Ils se rencontrèrent souvent sous l'orme, elle et lui, dans l'été et l'automne ; et les visites d'Eaubonne à l'Ermitage, de l'Ermitage à Eaubonne, furent célèbres à Paris. L'amour a un prisme dans les yeux, mais Jean-Jacques voyait la dame par l'œil simple : « Son visage était marqué de la petite vérole, son teint manquait de finesse ; elle avait la vue basse et les yeux un peu ronds. Mais elle avait l'esprit très naturel et très agréable. Elle abondait en saillies charmantes qu'elle ne recherchait point, qui lui venaient quelquefois malgré elle. »

Était-ce une femme ou un bas-bleu [1] ? Ce por-

---

[1]. Madame d'Houdetot, avant d'être mariée (elle le fut à dix-huit ans), était particulièrement confiée aux soins de madame d'Esclavelles, sa tante, qui ne s'était point séparée de sa fille, madame d'Épinay. Madame d'Esclavelles avait une dévotion minutieuse : remarquant que sa nièce faisait des vers facilement, elle voulut l'en empêcher. Voyant que ses défenses étaient inutiles, elle confisqua le papier. Dési-

trait ne m'explique ni la passion de Saint-Lambert ni celle de Jean-Jacques.

Elle rimait galamment à Fourqueux, dont le parc est arrosé par une source qui jaillit au pied d'un chêne. Du château, on entend le bruit de la machine de Marly — charivari laborieux qui gâte jusqu'au paysage des aqueducs. — Madame d'Houdetot y fit de mauvais vers sur la machine des hommes et la source de la nature :

> Ah ! que j'aime bien mieux la petite fontaine
> Qui, dans ce pré fleuri, s'enfuit du pied d'un chêne,
> Et qui, formant le cours d'un paisible ruisseau,
> Arrose des gazons aussi frais que son eau.

Saint-Lambert le bucolique envoya ces rimes « au patriarche de Ferney ». En 1778, madame d'Houdetot alla le voir, quai des Théatins. Dès qu'elle fut annoncée, Voltaire lui récita ce dizain déjà d'un autre âge.

rant que mademoiselle de La Live devint une femme de ménage, elle lui prescrivit de recevoir et vérifier les comptes des dépenses de la maison. Un jour, apercevant des interlignes dans le compte du cocher, la jeune personne les remplit par des vers : la tante arrive, la surprend, la gronde et va chercher M. de Bellegarde ; celui-ci commence à gronder un peu, se saisit du papier, lit les vers, les trouve jolis, et, voyant une correction à faire, prend la plume ; sa fille lui saute au cou, l'embrasse, bien sûre qu'une faute ainsi corrigée n'était pas inexcusable. — MUSSET-PATHAY. —

Elle vieillit, elle aussi, et chanta la vieillesse par expérience, — l'expérience qui ne vaut pas ce qu'elle coûte :

> On se plaint d'avoir trop vécu,
> Mais, dans ma retraite profonde,
> Qu'un seul ami me reste au monde,
> Je croirai n'avoir rien perdu.

Madame de La Briche, qui vieillissait aussi, voulait un chat. Il faut aimer quelque chose quand on ne peut plus aimer quelqu'un. Madame d'Houdetot lui en choisit un qu'elle lui offrit avec un joli huitain à patte de velours.

Il y a aussi des vers de la petite comtesse sur les cochons.

> Ces bons rois fainéants tout habillés de soie.

Madame d'Houdetot est morte à quatre-vingt-trois ans, toujours recherchée pour le charme, toujours jeune, de son esprit. Quelques jours avant le dernier jour, M. de Sommariva, ayant acheté la terre d'Épinay, lui demanda son portrait. Elle le lui envoya avec des vers charmants, où elle riait au bord de la tombe avec la grâce des enfants qui jouent au bord de l'abîme.

Madame d'Houdetot était donc, selon le père d'Alfred de Musset, qui l'a bien connue, « dédommagée du peu d'agrément de sa figure par son esprit et son amabilité ». Et encore, comme le disait Saint-Lambert, *elle n'avait de laid que le visage ;* sa taille était gracieuse, et elle passait pour une des meilleures danseuses de son temps. On dansait si mal en ce temps-là ! « Un jour elle était, chez le prince de Conti, chaussée en mule. Le prince, qui désirait la voir danser, devinant l'excuse qu'elle pouvait alléguer pour s'en dispenser, envoya chercher un ruban, qu'il attacha lui-même pour fixer le pied dans la chaussure. » Joli tableau que je recommande à mon ami Chaplin.

Quand Jean-Jacques rendit à madame d'Houdetot les lettres qu'il avait reçues d'elle, il redemanda les siennes. Elle lui répondit qu'elle les avait brûlées : « On ne met point au feu de pareilles lettres, s'écria-t-il dans son orgueil ; on a trouvé brûlantes celles de Julie, eh bien ! qu'aurait-on dit de celles-là ? »

Toujours l'écrivain qui domine l'amoureux ! Ce n'était pas là le cri de la passion, mais le jeu de l'éloquence. Jean-Jacques avait une trop belle écriture !

Une curieuse qui demeurait dans le voisinage d'Eaubonne interrogea un jour à ce sujet madame d'Houdetot, qui répondit : « Je les ai vraiment brûlées, excepté une seule, que je n'eus pas le courage de détruire, parce que c'était un chef-d'œuvre d'éloquence et de passion ; je l'ai remise — à qui ? — à Saint-Lambert. »

III

C'est peut-être par le pied qu'elle avait séduit Saint-Lambert et Jean-Jacques. L'homme de cour avait déchaussé la pantoufle de Cendrillon, mais le paysan des Alpes avait été jugé à peine digne d'en renouer les rubans.

Jean-Jacques, aussi paradoxal dans sa passion que dans sa philosophie, a donné un étrange spectacle, en montrant ici son cœur à nu. Écoutez cette confession :

« Ah ! si j'avais tardé si longtemps à sentir le véritable amour, qu'alors mes sens lui payèrent bien l'arrérage ! Et quels sont donc les transports qu'on doit éprouver auprès d'un objet aimé, si même un amour non partagé peut en inspirer de pareils ?

» Mais j'ai tort de dire un amour non partagé ; le mien l'était en quelque sorte ; il était égal des deux côtés, quoiqu'il ne fût pas réciproque. Nous étions ivres d'amour l'un pour l'autre ; elle pour son amant, moi pour elle ; nos soupirs, nos délicieuses larmes se confondaient. Tendres confidents l'un de l'autre, nos sentiments avaient tant de rapports, qu'il était impossible qu'ils ne se mêlassent pas en quelque chose ; et toutefois, au milieu de cette délicieuse ivresse, jamais elle ne s'est oubliée un moment ; et moi je proteste, je jure que, si quelquefois, égaré par mes sens, j'ai tenté de la rendre infidèle, jamais je ne l'ai véritablement désiré. »

Voilà le vrai Rousseau. Pour lui, rêver c'est vivre :

« La véhémence de ma passion la contenait par elle-même. Le devoir des privations avait exalté mon âme. L'éclat de toutes les vertus ornait à mes yeux l'idole de mon cœur ; en profaner la divine image eût été l'anéantir. J'aurais pu commettre le crime, il a cent fois été commis dans mon cœur ; mais ternir ma Sophie ! ah ! cela se pouvait-il jamais ? Non, non, je le lui ai dit cent fois à elle-même ; sa volonté l'eût-elle mise à ma discrétion, j'aurais refusé d'être heureux à ce prix. Je l'aimais trop pour vouloir la posséder. »

C'est fort éloquent, mais point passionné. Cela veut dire qu'il aimait trop pour vouloir aimer ;

« Il y a près d'une lieue de l'Ermitage à Eaubonne ; dans mes fréquents voyages il m'est arrivé quelquefois d'y coucher ; un soir, après avoir soupé tête à tête, nous allâmes nous promener au jardin, par un très beau clair de lune. Au fond du jardin était un assez grand taillis par où nous allâmes chercher un joli bosquet orné d'une cascade.

» Souvenir immortel d'innocence et de jouissance ! Ce fut dans ce bosquet, qu'assis auprès d'elle, sur un banc de gazon, sous un acacia tout chargé de fleurs, je trouvai, pour rendre les mouvements de mon cœur, un langage vraiment digne d'eux. Ce fut la première et l'unique fois de ma vie ; mais je fus sublime, si l'on peut nommer ainsi tout ce que l'amour le plus ardent peut porter d'aimable et de séduisant dans un cœur d'homme. »

Non, tu ne fus pas sublime, ô philosophe !

« Que d'enivrantes larmes je versai sur ses genoux ! que je lui en fis verser malgré elle ! Enfin, dans un transport involontaire, elle s'écria : « Non, » jamais homme ne fut si aimable, et jamais » homme n'aima comme vous ! Mais votre ami » Saint-Lambert nous écoute, et mon cœur ne sau- » rait aimer deux fois. » Je me tus en soupirant, je l'embrassai... Quel embrassement ! Mais ce fut tout. Il y a six mois qu'elle vivait seule, c'est-à-dire loin de son amant et de son mari ; il y en avait trois que je la voyais presque tous les jours, et toujours l'amour en tiers entre elle et moi. Nous avions soupé tête à tête, nous étions seuls, dans un bosquet, au clair de la lune, et après deux heures de l'entretien le plus vif et le plus tendre, elle sortit au milieu de la nuit de ce bosquet et des bras de son ami aussi intacte, aussi pure de corps et de cœur qu'elle y était entrée.

» Lecteur, pesez toutes ces circonstances, je n'ajouterai rien de plus. »

On comprend que Jean-Jacques n'ajoute pas un mot.

Il se contentait donc pour tout bonheur d'immortaliser l'amour de madame d'Houdetot pour Saint-Lambert.

Alfred de Musset s'écriait : « J'ai mon cœur humain, moi ! » C'était là le cœur humain du poète, ce philosophe par excellence. Mais le cœur de Rousseau n'était pas ce jour-là le cœur humain.

Cet amour à trois a été diversement apprécié. Madame d'Houdetot parlait de sa vertu et de son amour, deux fantômes dont elle épouvantait ce grand enfant, qui avait été pourtant à l'école de madame de Warens. Il y a heureusement beaucoup de femmes qui ne comprennent pas ainsi la vertu, comme il y a beaucoup d'hommes qui ne comprennent pas ainsi l'amour. M. Tartufe disait :

> Il est avec le ciel des accommodements.

Il n'en est pas avec l'amour.

Mais comment madame d'Houdetot aimait-elle Saint-Lambert? Mon Dieu, d'un amour qui dura jusqu'à la mort. Lisez les vers de cette muse au petit pied :

> Jeune, j'aimai. Le temps de mon bel âge,
> Ce temps si court, l'amour seul le remplit,
> Quand j'atteignis la saison d'être sage,
> Toujours j'aimai, la raison me le dit.
> Mais l'âge vient et le plaisir s'envole ;
> Mais mon bonheur ne s'envole aujourd'hui,
> Car j'aime encore et l'amour me console ;
> Rien n'aurait pu me consoler de lui.

On voit que cette petite femme si ronde et si légère avait lu Marot. Lisait-elle Saint-Lambert? Elle le lisait en prose, mais jamais en vers, car elle avait du goût.

Connaît-on encore le poète des *Saisons*? Je donnerai ici ces profils de Saint-Lambert, crayonnés par madame du Deffant et par son ami Horace Walpole :

« Je ne vous enverrai rien de Saint-Lambert.

Rien, selon mon goût, n'est plus fastidieux, excepté huit vers que voici :

> Malheur à qui les dieux accordent de longs jours !
> Consumé de douleurs vers la fin de leur cours,
> Il voit dans le tombeau ses amis disparaître
> Et les êtres qu'il aime arrachés à son être.
> Il voit autour de lui tout périr, tout changer ;
> A la race nouvelle il se croit étranger.
> Et quand à ses regards la lumière est ravie,
> Il n'a plus, en mourant, à perdre que la vie.

« Ce Saint-Lambert est un esprit froid, fade et faux : il croit regorger d'idées, et c'est la stérilité même ; et, sans les roseaux et les ruisseaux, les ormeaux et les rameaux, il aurait bien peu de choses à dire. »

Voici le crayon de Walpole :

« Ah ! que vous en parlez avec justesse des *Saisons :* le plat ouvrage ! point de suite, point d'imagination ; une philosophie froide et déplacée : un berger et une bergère qui reviennent à tous moments ; des apostrophes sans cesse, tantôt au bon Dieu, tantôt à Bacchus ; les mœurs et les usages d'aucun pays ; en un mot, c'est l'Arcadie encyclopédique. On voit des pasteurs, le dictionnaire à la main, qui cherchent l'article *Tonnerre*, pour entendre ce qu'ils disent eux-mêmes d'une tempête,

Vous avez trouvé huit vers à votre usage, en voici
un qui m'a frappé, moi :

Fatigué de sentir, il paraît insensible.

» Quant aux *Contes orientaux* qui suivent les
Saisons, ce sont des épigrammes en brodequins.
Je persiste donc à dire que le mauvais goût qui précède le bon goût est préférable à celui qui lui
succède. »

On avait beaucoup d'esprit, il y a cent ans.

Saint-Lambert mourut à quatre-vingt-sept ans.
Il ne démentit pas son orgueil de philosophe. Il
fut enseveli dans les feuillets de son dernier livre,
intitulé : *Le Catéchisme universel ou les Principes
des mœurs chez toutes les nations*. Selon un ennemi
des philosophes, « on est étonné de son acharnement contre Jean-Jacques, qui lui a constamment
témoigné de l'amitié, et qui en parle avec éloge
jusque dans ses *Confessions*. Non seulement il lui
fait, sans le citer, de fréquents larcins, mais il lui
attribue des opinions qu'il n'a jamais eues. Il finit
même, dans un chapitre sur l'ingratitude, par faire
de lui, sous le nom de Cléon, le portrait le plus
odieux. »

Saint-Lambert était un cœur et un esprit jaloux.
L'avant-dernière année du dix-huitième siècle,

en 1798, madame d'Houdetot se remaria, je veux dire qu'elle célébra la cinquantième année de son mariage avec M. d'Houdetot. Au repas de noce, M. de Saint-Lambert eut l'humeur et la fourchette chagrines. Il dévorait son dépit. Or la mariée avait soixante-dix-ans, le mari quatre-vingts, et l'amant jaloux? quatre-vingt-quatre ans. Qu'est-ce que devait être la jalousie de Saint-Lambert contre Rousseau au beau temps de madame d'Houdetot, au beau temps de la passionnée Sophie?

Mais Saint-Lambert n'était pas sérieusement jaloux de Rousseau : autrement il se fût fâché brusquement contre lui quand il entendit, d'écho en écho, ces paroles de son amie à son rival : *Jamais homme n'aima comme vous; mon cœur ne saurait aimer deux fois, et Saint-Lambert nous écoute.*

Saint-Lambert savait bien que Rousseau n'était pas — un homme d'action.

IV

Si, à cette vente d'autographes, on s'est disputé le billet de madame d'Houdetot, c'est qu'il renfermait un cri de son âme. Elle rêvait un autre monde où elle serait belle et demandait le grand secret à Jean-Jacques :

« Répondez-moi, mon ami. Vous avez trop lu dans les astres pour ne pas savoir quelle figure nous avons là-haut. Je ne veux pas me ressembler; vous savez comme je suis ennuyée du miroir qui me renvoie mon portrait. Il n'y a que ceux qui m'aiment comme vous qui aiment à me voir. Moi je ne m'aime pas du tout et je n'ai que du déplaisir à me rencontrer. Aussi vous savez comme M. La Tour et M. Greuze ont perdu leurs prières [1], quoique protégés par M. de Saint-Lambert. Voyons, mon ami, rassurez-moi contre la résurrection du corps. »

Que répondit Jean-Jacques? écrivit-il un madrigal ou une vérité?

Unde ortus, quo vadens? D'où vient-il? Où va-t-il? Telle est la question — la seule grande sur la terre. — Cette question, il faut que le penseur l'aborde et s'y arrête. L'origine de l'âme, ses évolutions, son avenir, autant de problèmes qui s'imposent fatalement à la raison courbée sous le mystère de la vie,

---

[1] Il y a pourtant un portrait de madame d'Houdetot par La Tour, mais peut-être était-il trop vrai.

même quand on a eu pour amant un philosophe.

Les anciens peuples honoraient les voyageurs comme des envoyés de la Divinité : après les avoir traités magnifiquement, ils leur adressaient cette question : « Que savez-vous ? » Avec l'esprit familier de Jean-Jacques, il faudrait ici interroger les voyageurs de la pensée humaine à travers les âges, et leur demander ce qu'ils savent des destinées de l'âme. On irait de la religion à la philosophie. Jean-Jacques avait passé de la religion à la philosophie, et il avait fui la philosophie pour la religion.

A ceux qui crieront au paradoxe, je répondrai par la voix de Jean-Jacques.

Quelle belle page — humaine et divine — que celle où Rousseau conte les voyages de son esprit à la recherche de la vérité à travers les ténèbres que la philosophie avait répandues autour de son cœur, son cœur d'où la lumière du sentiment devait jaillir un jour. « Adorons Dieu, dit-il ; d'un souffle nous détruirons ces fantômes de raison qui n'ont qu'une vaine apparence et fuient comme une ombre devant l'immuable vérité. »

On ne connaît pas les grands hommes, Jean-Jacques et Voltaire moins encore que les autres. Si Jean-Jacques condamne les « fantômes de raison, » n'est-ce pas Voltaire qui dit de Jésus-Christ :

Il daigna tout nous dire en nous disant d'aimer !

Je ne veux pourtant pas canoniser Voltaire ni Jean-Jacques, quoiqu'ils soient les apôtres de leur temps.

Mais je veux canoniser madame d'Houdetot pour le calendrier de madame Vénus et de monsieur de Cupidon : *Ci-gît qui a aimé !*

L'OISEAU BLEU DE MOLIÈRE

> Cher oiseau bleu couleur du temps,
> Pourquoi t'envoler dans les nues !
> Viens nous reparler du printemps
> Qui fleurit sur les branches nues !
> LULLI.

I

Molière, qui connaissait si bien l'homme, connaissait moins la femme ; c'est que la femme est d'un ordre composite. Larochefoucauld lui-même se perdait dans ce monument des plus folles contradictions. Toute femme qui traverse l'amour est trois fois femme. Qui étudie la première est déjoué par la seconde et trahi par la troisième. C'est le jeu de l'inconnue dans l'inconnu.

La femme que Molière connaissait le moins, c'était sa femme, peut-être parce qu'il l'avait vue toute petite fille, peut-être parce qu'il la voyait tous les jours. Reconnut-il son égoïsme, cet imprudent, quand il en fut à ses premières larmes ? Comment n'avait-il pas pressenti que cette adorable Armande, bouquet de jeunesse et de poésie, qu'il cueillait d'une main quelque peu profane, ne traverserait pas tous les périls de la vie de théâtre, pour se retrouver toujours le soir, toute à lui, avec les caresses de la femme et de la maîtresse ?

Cet égoïsme, qui donc ne l'aurait pas eu à sa place ? Il fallait à cette vie active, inquiète, troublée, un idéal de poète, comme il faut à tout homme bien doué une échappée au delà des nues. Ce n'est point assez pour Molière ces applaudissements qui viennent réjouir son cœur trois fois par semaine, ce n'est point assez des fêtes de la Cour où plus d'un sourire des La Vallière et des Montespan lui vient comme un rayon perdu : il manque quelque chose à sa vie. A quoi bon tout ce travail, toute cette peine, tout ce génie, s'il n'est pas encouragé dans la lutte par quelque bouche fraîche et savoureuse ? Il en a assez de toutes ces femmes qui jouent la comédie avec lui. Trop de barbouillée de blanc et de rouge, trop de sentiments profanés sur la scène et dans la coulisse. C'est l'air connu. Molière voudrait entendre une autre chanson. Plus d'une fois déjà, il a pensé que celui-là qui prendrait pour sa femme cette jolie petite Armande, si gaie et si taquine, serait le plus heureux du monde. Puisqu'elle l'appelle son petit mari, pourquoi, en effet, ne deviendrait-elle pas officiellement sa petite femme? Aussi bien Molière ne peut pas chercher hors du théâtre. La noblesse lâche ses filles aux comédiens par aventure; mais encore, ce ne sont que des heures cueillies ou volées. La bourgeoisie, dans sa morgue intraitable, ne consentirait jamais à donner une de ses filles à un comédien qui joue les Sganarelles et les Mascarilles. Recevoir un coup de pied dans l'arrière-train, même si l'on est l'auteur de la pièce, n'est pas un titre pour aspirer à une bourgeoise.

Molière ne peut s'empêcher de penser que le mariage, qui est une prison pour beaucoup d'hommes, serait une délivrance pour lui. En effet, comment échapper aux prétentions des sœurs Béjart et aux larmes intermittentes de la De Brie? Si Geneviève Béjart ne veut pas épouser Molière non plus que Madeleine, elle s'impose plus qu'une épouse, en vertu du passé. Et Madeleine? si elle n'a pas été sa maîtresse, elle a eu pour lui des quarts d'heure d'abandon. En plus d'une rencontre, elle lui a prêté de l'argent sans compter. N'était-ce pas sa troupe à elle qu'il dirigeait quand ils couraient les provinces? Elle n'avait pas abdiqué pour cela. Je crois même qu'on obéissait bien plus aisément à Madeleine Béjart qu'à Molière.

C'est que le vrai maître, c'est toujours l'argent. Or, elle en avait de par M. de Modène quand Molière n'en avait pas. Son despotisme durait encore à Paris. Le chef de la famille Béjart, c'était elle; Molière n'était-il pas toujours de la famille? Mais, quelle que fût son amitié pour son ancienne camarade, il n'avait aucun désir d'en faire sa femme. Que lui apporterait-elle? une jalousie plus ombrageuse. Certes elle aimait Molière depuis qu'elle n'espérait plus devenir madame de Modène, mais cet amour-là n'était pas l'idéal de Molière.

Son idéal, ce n'était plus Geneviève ni la De Brie, quoiqu'elles fussent belles encore. Il les savait trop par cœur. Son idéal, c'était une jeune fille, vierge de corps et d'âme, qui viendrait comme un mois de mai répandre le renouveau dans sa maison et dans son âme.

Fatalement, puisqu'il ne pouvait ni chercher ni trouver ailleurs, cette jeune fille, c'était Armande.

Ce fut d'autant plus Armande qu'elle vint un jour se jeter dans ses bras tout éplorée, en lui disant qu'elle ne pouvait plus vivre avec sa mère qui la malmenait. C'est que la jeune fille assistait à ce douloureux spectacle d'une femme qui voit tomber sa jeunesse sous le vent d'automne, qui ne se décide pas à revivre dans sa fille, qui, loin de là, lui reproche presque le rayonnement des belles années.

Molière épousera donc Armande, quoi que puisse dire Madeleine, quoi que puisse pleurer Geneviève, quoi que puisse dire tout le monde. Il se promet toutes les joies d'une vie inespérée, retrempée dans le mariage et refleurie par la jeunesse. La fête est dans son âme. Les ivresses du cœur lui montent à la tête, si bien qu'il verra mal son chemin. Cette charmante fille qu'il va prendre, il devait la mettre dans sa maison comme une idole ; lui donner tout ce qui amuse la femme pour lui faire aimer sa maison ; les robes, les bijoux et les chiens ; les livres et les tableaux, toutes les expressions du luxe. Il devrait lui fermer le théâtre du côté des coulisses et ne lui permettre le spectacle que le jour où il joue ses rôles sérieux. Il ne faut pas que sa femme puisse rire de Sganarelle ou d'Arnolphe. Le mariage n'est beau que par l'amour, le caractère et la dignité, trois choses que Molière apportait à sa femme, mais dont il se dépouillait sur la scène. Il y a des femmes qui peuvent ne pas confondre l'homme et le masque, mais il y en a beaucoup plus qui ne voient que le masque.

II

Tout est comédie et tout est tragédie, voilà pourquoi Shakespeare est le plus grand des maîtres, voilà pourquoi Corneille lui-même, en ses premières tentatives, avait mis au théâtre la tragi-comédie. Molière joue son grand jeu dans la comédie, mais le soir, quand cette comédie est jouée, quand tous les spectateurs s'en vont en riant, émerveillés de la gaieté de Molière, il s'en va en pleurant, lui Molière. Après ce feu d'artifice, comme la nuit est sombre autour de lui ! Il appelle sa femme; viendra-t-elle ? Elle est attardée par quelque beau gentilhomme, par quelque marquis pirouettant et papillonnant autour d'elle. Molière ne veut pas s'humilier jusqu'à aller la prendre par le bras. Il rentrera seul, il ira soulever le rideau de sa fille endormie, il s'enfermera pour pleurer dans son cabinet de travail.

Voilà pour aujourd'hui le dernier acte de l'*École des Maris* et de l'*École des Femmes*, du *Cocu imaginaire* et du *Misanthrope*.

Ah! la belle comédie à faire avec les entr'actes de la comédie de Molière ! Mais cette comédie serait le drame le plus douloureux qui ait été écrit [1].

Vous condamnez ce mari d'avoir été si débonnaire ; que vouliez-vous qu'il fît ? qu'il tuât sa femme ? mais il l'aimait.

Elle, comment l'eût-elle aimé, cet homme de travail, qu'elle avait trop vu préoccupé d'une idée ou d'un sentiment sinon d'une rime? Ce contemplateur, ce chef de troupe, ce metteur en scène, tout à tous, jamais à lui. Toute jeune, sautant sur ses genoux, elle l'avait appelé son petit mari : simple jeu d'enfant qui joue avec la poupée. Pourquoi l'épousa-t-elle ? parce qu'elle croyait passer du despotisme de sa mère dans la liberté du mariage. Et d'ailleurs, elle aimait Molière d'une amitié profonde ; mais plus l'amitié était profonde, plus

---

[1]. Rappelez-vous ce vers de jeunesse, premier cri de jalousie jailli du cœur de Molière :

Ah ! c'est là le vautour qui ronge mes entrailles !

Ou celui-ci peut-être dit en voyant la Du Parc dans les bras d'un rival :

C'est voir avant sa mort faire ses funérailles.

Molière datait presque du seizième siècle où on a tout osé et tout imagé. Boileau lui a arraché quelques plumes de paon de ses ailes d'aigle.

l'amour était loin : il n'y a pas d'amour dans la reconnaissance et la bonté; l'amour ne cueille presque toujours que les fleurs du mal.

Molière, qui savait tout, ne savait pas cela; il croyait que cette adorable créature qui, jusque-là, n'était qu'un sourire, allait lui donner son cœur et son âme, puisqu'il ne voulait plus vivre que pour elle.

Peut-être ne l'aimait-il encore que d'un amour fraternel, mais quel coup de foudre, quel coup de passion quand il sentit qu'elle ne l'aimait pas ! ce fut à jamais le désespoir et la colère de ce grand cœur. Et elle ne l'aimait pas parce qu'elle en aimait d'autres. La lumière se fit en lui. Il avait aimé jusque-là, mais sans tomber dans toutes les angoisses et dans toutes les anxiétés : l'amour qui rit à la première larme. Mais cette fois c'était l'enfer de l'amour : aimer à son soleil couchant et n'être pas aimé! Le pauvre Corneille avait passé par là devant la cruelle Du Parc, cette statue qui n'avait pas voulu descendre pour lui de son piédestal. Mais au moins la Du Parc n'était pas sa femme, il ne la voyait que de loin en loin, il ne jouait pas la comédie avec elle, il n'habitait pas la même chambre à coucher!

Quoi de plus horrible pour un homme que d'être

pris corps et âme par l'adoration d'une femme qui est sa femme, mais qui ne lui appartient pas, qui vit avec lui, mais qui n'est pas là même quand elle est là ! C'est en vain que Molière se jettera aux pieds d'Armande pour lui bien montrer ses larmes; en vain il lui parlera doucement pour la ramener à lui, non pas par la raison, mais par le cœur. Elle lui fera d'abord l'aumône de quelques mots de repentir, mais pour mieux se moquer de lui. Est-ce qu'il a comme tous ces grands seigneurs l'art de débiter des riens avec impertinence ? est-ce qu'il a le temps de parfumer l'amour comme tous ces marquis dont c'est le métier ?

Molière voit bien que sa douceur échoue, il fera éclater ses colères; mais, aux premières larmes de sa femme, il se jettera encore à ses pieds pour lui demander grâce. N'est-ce pas encore la victime qui s'accuse ?

Et cela lui réussira si mal de parler d'amour et de pardon qu'un jour sa femme se révoltera et lui dira qu'elle ne lui permet plus de lui adresser la parole. C'est alors que la grande coquette qu'il va peindre en Célimène se retire sous sa tente. En vain son mari frappera à sa porte pendant toute une année, elle tirera les verrous en lui disant : « N'avez-vous pas mademoiselle de Brie et les

18

autres? » Si la victime s'accuse, la criminelle accuse.

Molière, en effet, ne sachant où cacher ses larmes, les cacha encore une fois sur le sein de la de Brie.

Elle était là toujours, pauvre chien chassé de la maison, mais qui revenait au premier appel. Hélas! elle a beau pleurer avec Molière — car il n'y a que les larmes des autres qui vous consolent. — Molière ne peut plus réconforter son cœur sur le cœur de sa première maîtresse : il n'a plus qu'une pensée, un sentiment, une passion : c'est sa femme.

Aussi savez-vous ce qu'il fait, cet homme de génie, pour se venger de tant d'affronts et de tant de misères? il fait des rôles à Armande.

La grande coquette fuit son mari, mais elle ne fuit pas son théâtre, parce que le théâtre, c'est son piédestal. Elle continue donc à jouer la comédie de Molière — avec Molière. Hors du théâtre ils ne se connaissent pas, dans la coulisse ils ne se parlent pas, mais sur la scène il y a un comédien qui s'appelle Molière et une comédienne qui s'appelle mademoiselle Molière.

Or, la fatalité qui rit de tout les force à jouer ensemble presque toujours des rôles de leur emploi — mari et femme !

O grand Molière, pendant que tu pénètres le cœur de l'homme par ton âme lumineuse, tu ne vois donc pas que ta femme va t'échapper? C'est que tu as ouvert la cage à cet oiseau bleu couleur du temps, en lui ouvrant la fenêtre de la maison du côté du théâtre, en la faisant comédienne, en lui donnant cette soif d'être applaudie, en la heurtant à tous ces marquis de Versailles qui viennent fleureter [1] sur la scène.

Mais pourquoi accuser Molière? Qui donc eût empêché Armande d'être comédienne? Elle était trop la fille de sa mère.

Combien de fois Molière rattrapera-t-il l'oiseau bleu pour le remettre dans sa cage; mais il aura beau faire, désormais elle ouvrira la cage toute seule. Plus elle s'envolera, plus il descendra dans sa passion, il ne pourra plus vivre sans cette chanson de la jeunesse qui a égayé son cœur, qui a retenti dans son âme. Mais ni son désespoir ni ses larmes n'arrêteront cette cruelle femme en ses volageries.

Peut-être n'est-elle coupable qu'à demi, ne se dépensant qu'en promesses et en sourires; mais que rapporte-elle à la maison? L'ennui. Pas

1. Vieux mot français et bien français qui nous revient aujourd'hui par l'Amérique.

un baiser sur le front sillonné de Molière. Si elle est à son clavecin, il pourra s'imaginer un instant que c'est pour lui. La voilà qui chante des airs qu'il aime. Mais, s'il vient pour l'embrasser, elle détourne la tête et poursuit son rêve du côté de Versailles. Elle aussi a son idéal. C'est la cour. « Qu'est-ce que vivre sans une femme aimée ? » dit Molière. « Qu'est-ce que vivre sans respirer l'air amoureux de Versailles ? » dit madame Molière.

Il essayera de toutes les distractions. Il réunira ses amis à sa table, en la priant d'être la reine de la fête. Ses amis valent pourtant bien les marquis de Louis XIV. Ils s'appellent La Fontaine, Boileau, Mignard, Chapelle, Lulli, quand Lulli était de la maison. Armande trouve que ces hommes-là ne sont pas des gentilshommes, parce qu'ils n'ont pas les belles manières de Versailles. Tout au plus sourit-elle à Mignard qui va la peindre et à Lulli qui la fait chanter.

C'est à peine si elle daignera aller dans la maison d'Auteuil. Que ferait-elle avec des gens qui font de la philosophie sous prétexte de boire ? C'est à peine si çà et là elle daignera traîner nonchalamment la queue de ses robes dans le jardin, où Molière veut l'encadrer de roses. Quoi qu'il fasse, elle s'ennuie quand il est là, à moins qu'il ne lui fasse un rôle pour qu'elle puisse piper un amoureux de plus.

Le mari a beau faire, il a beau lui parler, lui sourire, l'appuyer sur son cœur, il sent qu'elle n'est pas là : c'est la cage sans l'oiseau.

Oh! cher oiseau bleu couleur du temps !

III

Il y a beaucoup de légendes dans l'histoire de Molière, je ne veux rappeler ici que celle de l'oiseau envolé d'Auteuil. Pour amuser sa fille, il avait déniché dans son jardin un nid de fauvettes, pour les mettre en cage. Au bout de quelques jours, de toute la nichée il ne restait qu'une seule oiselle, une pauvre petite qui avait miraculeusement échappé aux griffes des chats de gouttières, ces chasseurs d'oiseaux. La mère, devenue presque familière, venait à toute heure lui donner la becquée.

On mit enfin la cage en garde contre les chats.

Vint le temps où chanta l'oiselle ; on sait comment chantent les fauvettes à tête noire; des miracles de mélodies qui montent comme des aspirations de tout ce qui est terrestre vers les sphères étoilées. La petite Madeleine était ravie. Molière lui-même passait des heures sous le berceau de vignes à écouter chanter la fauvette pendant que sa fille jouait à ses pieds.

Après une première rupture, Armande était revenue; la fauvette chantait plus joyeusement comme si la beauté d'Armande lui donnât plus de voix; peut-être aussi parce que la femme de Molière chantait elle-même, tantôt à son clavecin, tantôt dans les allées du jardinet.

C'était au plus beau temps des chefs-d'œuvre de Molière; la calomnie s'était tue, les ennemis se cachaient. Molière respirait enfin la vie dans l'air vif. Mais voilà qu'un jour la fauvette s'envola de la cage. Comment? on n'en sut rien. De belles larmes sur es joues de Madeleine. Molière embrassa doucement sa fille.

Et lui-même il pleura l'oiseau en chantant la vieille chanson retrouvée par Lulli :

> Cher oiseau bleu, couleur du temps,
> Pourquoi t'envoler dans les nues !

« Qui donc nous l'a prise? pourquoi s'est-elle envolée? Cette fauvette chantait le bonheur de la maison, le bonheur va-t-il s'envoler aussi? » Le soir, la fauvette reparut et chanta sa chanson ; elle sautillait sur la treille, jusque sur la cage; mais ce fut en vain que Madeleine voulut l'apprivoiser par sa voix la plus douce et par des grains de millet semés d'une main prodigue : la fauvette ne se laissa point approcher.

Le lendemain ce fut le même jeu, les mêmes prières, les mêmes larmes; le surlendemain, la fauvette reparut encore, toujours gaie et charmante, la cruelle! mais ce fut tout.

On eut beau courir le voisinage, on ne la retrouva point.

Molière, qui avait peur de tout dans ses jours de bonheur, pensa que cet oiseau échappé était une image de sa femme : elle aussi, la cruelle, s'envola pour la seconde fois, elle aussi alla chanter ailleurs les mélodies qui charmaient le cœur de Molière.

Aussi, un jour qu'il pleurait sur le cœur de son ami Robaut, il lui dit tristement : « La femme est un oiseau. »

Et pourquoi l'aimait-il tant, cette femme qui ne l'aimait pas? Peut-être parce qu'elle ne l'aimait pas.

Mais, comment ne l'eût-il pas aimée, — cette Armande dont le sourire était un baiser, — et dont le regard était une étreinte!

FIN.

TABLE

Préface...	I
I. — Un bouquet de jeunes filles...............	1
II. — Le forgeron...............................	9
III. — Il n'y a pas de fête sans lendemain, mais le surlendemain...........................	14
IV. — Les adieux................................	24
V. — Le billet sous seing privé................	30
VI. — Dame de compagnie d'un drôle de corps...	45
VII. — La misère noire.........................	53
VIII. — Pauvre mère, pauvre enfant.............	63
IX. — Rosette....................................	67
X. — Le métier de père........................	71
XI. — Tableaux de la vie parisienne...........	77
XII. — Le portrait de Rosa.....................	79

XIII.	— Voyage a Asnières....................	87
XIV.	— Nouveaux tableaux de la vie parisienne...	90
XV.	— Les métamorphoses de mademoiselle Rosa..	94
XVI.	— Du haut en bas........................	97
XVII.	— Rosette a la recherche de sa mère.......	101
XVIII.	— Une aiguille dans une botte de foin......	108
XIX.	— Ça et là..............................	114
XX.	— Désespoir............................	120
XXI.	— Le pays natal.........................	127
XXII.	— Les mystères de Paris.................	131
XXIII.	— Les jeux de la destinée................	146
XXIV.	— Tentation de l'argent..................	154
XXV.	— M. de Cartouche et la vicomtesse de Mandrin........	153
XXVI.	— Le coup..............................	163
XXVII.	— Comment Rosa l'échappa belle...........	173
XXVIII.	— La folie des chiffons et les poignards d'or.	177
XXIX.	— La comédie de l'imprévu................	189
XXX.	— La chrysalide et le papillon.............	198
XXXI.	— Rosa, Rosette et Rosine................	203
XXXII.	— Les vendanges........................	209
XXXIII.	— Nouvelles de Paris	214
XXXIV.	— Promenade au bois de Boulogne.........	216
XXXV.	— Rose des Champs......................	224
XXXVI.	— Les contradictions du coeur.............	231
XXXVII.	— La force de l'amour................ ...	236
XXXVIII.	— La Champenoise	240
XXXIX.	— Les nuages dans le ciel bleu.............	246
XL.	— Rosa et Rosette.......................	249
XLI.	— Othello..............................	254
XLII.	— Où mène l'amour de l'argent............	258
XLIII.	— Comme quoi on trouve quelquefois la fin d'un roman dans la *Gazette des Tribunaux*,	260

TABLE

Les grandes amoureuses.
  I. — Mademoiselle de Lespinasse.................. 267
  II. — Madame d'Houdetot........................ 287
L'oiseau bleu de Molière............................ 305

28-82. — Corbeil, imprimerie B. RENAUDET

RAPPORT

14

BIBLIOTHÈQUE NATIONALE

CHÂTEAU
de
SABLÉ
1984

www.ingramcontent.com/pod-product-compliance
Lightning Source LLC
Chambersburg PA
CBHW060333170426
43202CB00014B/2763